信息时代下

档案管理工作的发展研究

吕媛媛 ◎ 著

新华出版社

图书在版编目（CIP）数据

信息时代下档案管理工作的发展研究 / 吕媛媛著 .
-- 北京：新华出版社，2023.9
ISBN 978-7-5166-7076-7

Ⅰ . ①信… Ⅱ . ①吕… Ⅲ . ①档案管理－研究
Ⅳ . ① G271

中国国家版本馆 CIP 数据核字（2023）第 193623 号

信息时代下档案管理工作的发展研究

作　　者： 吕媛媛	
责任编辑： 李　宇	**封面设计：** 沈　莹

出版发行： 新华出版社

地　　址： 北京石景山区京原路 8 号　　　**邮　　编：** 100040

网　　址： http：// www. xinhuapub. com

经　　销： 新华书店、新华出版社天猫旗舰店、京东旗舰店及各大网店

购书热线： 010-63077122　　　**中国新闻书店购书热线：** 010-63072012

照　　排： 守正文化

印　　刷： 天津和萱印刷有限公司

成品尺寸： 170mm×240mm　1/16

印　　张： 11.5　　　**字　　数：** 206 千字

版　　次： 2024 年 1 月第一版　　　**印　　次：** 2024 年 1 月第一次印刷

书　　号： ISBN 978-7-5166-7076-7

定　　价： 72.00 元

作者简介

吕媛媛，山东莱阳人，副研究馆员。2005年毕业于湖北黄冈师范学院，现工作于齐鲁师范学院，担任该校专业教师。主持、参与多项课题，在专业刊物公开发表多篇论文，出版2部专著。

前 言

从结绳记事到刻契铸鼎，从甲骨、金石撰文为录到简牍、缣帛、纸墨为凭，档案伴随着文字和国家的出现而诞生。它作为人们生活记录的真实凭证和人类文明共有记忆的积累保存，与每个人和每个组织密切相关。习近平总书记指出："经验得以总结，规律得以认识，历史得以延续，各项事业得以发展，都离不开档案。"档案工作是一项记录历史、传承文明、服务社会、造福人民的事业，是党和国家事业发展不可或缺的一项基础性、支撑性工作。

在现代化社会发展中，档案管理工作显得越来越重要。尤其是在信息时代，档案由纸质信息转化为数字信息已成为档案管理的重要工作内容。随着新技术、新设备的不断涌现，档案管理工作也进入了一个新的时期，新技术的应用使档案管理实现信息化、现代化与数字化，亦成为档案管理工作发展的必然趋势。

档案管理工作是一项政策性和专业性要求都很高的工作，档案工作者的综合素质是影响档案工作质量的关键因素之一。随着社会经济特别是信息技术的快速发展，档案工作领域从理论研究到工作实践正在发生着深刻的变革，档案工作者必须适应这一变革，在工作中坚持科学发展观，不断更新观念、与时俱进，创造性地开展工作。首先要树立发展意识、竞争意识、开放意识和服务意识，以积极进取的思维方式和新的管理模式来激活档案工作，使档案服务走出封闭状态，更加贴近现实，更多贴近社会。另外，还要善于理论联系实际，在日常工作中积极探索档案工作的新途径，总结新经验。

本书共分为五个章节，第一章为档案管理工作基础理论概述，主要就档案基础内容、档案管理理论依据、现代档案管理工作体系三个方面展开论述；第二章为信息时代下档案管理工作现状，主要围绕信息时代下档案工作的基本概述、信息时代下档案管理工作中的机遇、信息时代下档案管理工作面临的挑战、信息时代下档案管理工作的转型与升级展开论述；第三章为档案信息化建设与管理探索，依次介绍了档案信息化基础概念与内容构成、档案信息化实施策略与建设、档案信息化管理实现路径三个方面的内容；第四章为档案数字化管理工作研究，依次介绍了我国档案数字化的实施状况、档案数字化管理工作方法与要求、数字档案馆建设与档案数据库管理、电子档案管理模式的应用四个方面的内容；第五章为信息时代下高校档案管理工作的创新发展，共分为两部分内容，依次是信息时代企事业档案管理工作创新发展、信息时代下高校数字档案馆与智慧档案馆建设。

在撰写本书的过程中，作者得到了许多专家学者的帮助和指导，参考了大量的学术文献，在此表示真诚的感谢。本书内容系统全面，论述条理清晰、深入浅出，但由于作者水平有限，书中难免会有疏漏之处，希望广大同行和读者及时指正。

吕媛媛

2023 年 4 月

目录

第一章 档案管理工作基础理论概述 ·· 1

    第一节 档案基础内容 ··· 1

    第二节 档案管理理论依据 ··· 13

    第三节 现代档案管理工作体系 ··· 24

第二章 信息时代下档案管理工作现状 ·· 38

    第一节 信息时代下档案工作的基本概述 ································· 38

    第二节 信息时代下档案管理工作中的机遇 ······························· 47

    第三节 信息时代下档案管理工作面临的挑战 ····························· 60

    第四节 信息时代下档案管理工作的转型与升级 ··························· 63

第三章 档案信息化建设与管理探索 ·· 76

    第一节 档案信息化基础概念与内容构成 ································· 76

    第二节 档案信息化实施策略与建设 ····································· 83

    第三节 档案信息化管理实现路径 ······································· 98

第四章 档案数字化管理工作研究 ·· 105

    第一节 我国档案数字化的实施状况 ····································· 105

    第二节 档案数字化管理工作方法与要求 ································· 113

    第三节 数字档案馆建设与档案数据库管理 ······························· 118

    第四节 电子档案管理模式的应用 ······································· 132

第五章　信息时代下高校档案管理工作的创新发展⋯⋯⋯⋯⋯⋯⋯ 138

　　第一节　高校档案管理工作的历史与现状 ⋯⋯⋯⋯⋯⋯⋯⋯⋯ 138

　　第二节　高校档案管理的信息化建设与技术应用 ⋯⋯⋯⋯⋯⋯ 144

　　第三节　信息时代下高校数字档案馆与智慧档案馆建设 ⋯⋯⋯⋯ 153

参考文献⋯⋯⋯⋯⋯⋯⋯⋯⋯⋯⋯⋯⋯⋯⋯⋯⋯⋯⋯⋯⋯⋯⋯⋯ 175

第一章　档案管理工作基础理论概述

档案管理主要包括两个方面的内容：一是对档案资源的管理，也称档案实体管理；二是对档案中所包含的信息的管理，称为档案信息组织。本章内容为档案管理工作基础理论概述，主要就档案基础内容、档案管理理论依据、现代档案管理工作体系三个方面展开论述。

第一节　档案基础内容

一、关于"档案"的概念解释

由于文字的发明、社会生产力的发展、人类活动领域与范围的扩大、社会公共行政管理事务的需要，档案作为"人类历史的记忆"，于原始社会末期产生。在我国，档案的名称经历了较长时期的演变，最后才基本稳定在"档案"这一名称上。

（一）探究"档案"的历史渊源

档案作为一种事物在我国早已有之，但我国古代的档案，在各个朝代有着不同的称谓。商代称之"册"，周代称之"中"，秦汉称之"典籍"，汉魏以后称之"文书""文案""案牍""案卷""簿书"，清代以后多用"档案"。

"档案"一词起源于清初。关于为何称为"档案"，有两种解释：一种意见认为，"档案"的名称是沿用了清军入关以前对档案事物的用语。约康熙四十六年（1707 年），杨宾在《柳边纪略》中对"档案"一词有所解释："边外文字，多书于木，往来传递者曰牌子，以削木片若牌故也；存储年久者曰档案，曰档子，以积累多贯皮条挂壁若档故也。然今文字书写于纸者，也呼为牌子、档子矣。"意思是说，满族在建立清朝之前，大多在削得薄如纸牌的木片上书写文书，并将木片文书悬挂起来存档，档案日积月累，使得挂壁上的档案成连贯的条状，因而就被称为"档子"。入关后，清人虽然改用纸张书写文书，但"牌子""档子"的用语没有改变；另一种意见是，清朝建政后使用汉语词义来解释档案。在《康熙起居注》一书中有"部中无档案"之语。这里面的"档案"，不大可能是第一种解释。"档"字，按《康熙字典》的解释，为"横木框档"，就是木架框格的意思，《说文解字》解释为"几属"，就是像小桌子一类的东西，由此引申，把处理一桩事件的有关文件叫作"一案"，把收存的官方文件统称为"案卷"，再将"档"与"案"连用，"档案"就是存入档架的案卷。"档案"一词，历经 300 多年，一直延续使用，现已成为一个科学概念，档案的第二种含义，在今天仍保留着清代所赋予它的形象的和内在的意义。

（二）《中华人民共和国档案法》的规定

《中华人民共和国档案法》第二条明确规定："本法所称档案，是指过去和现在的机关、团体、企事业单位和其他组织以及个人从事经济、政治、文化、社会、生态文明、军事、外事、科技等方面活动直接形成的对国家和社会具有保存价值的各种文字、图表、声像等不同形式的历史记录。"

很显然，档案这个概念的内涵是人类在社会实践活动中直接形成的原始的历史记录，它的外延是具有这种属性的各种形式的文件材料。

档案产生于各种社会组织和个人的社会实践活动中，这说明档案的产生时间久远，产生领域广泛，内容构成丰富。

档案形成于人类的实践活动中，是人类社会历史的"记忆"和"再现"。可以说，自从有了文字和个人及社会组织利用文字进行信息交流与沟通的需要以及留存备查的需要，就有了档案。同时，人类的实践活动涉及自然和社会的各个方面，既包括政治活动、军事活动、经济活动，还包括科学、技术、文化等；既涉及人类认识自然和社会以及改造自然和社会等各个方面，也涉及人类认识和改造自己的主观方面[①]。

---

① 杜宝文. 档案信息化管理发展路径与档案信息开发利用的探讨 [J]. 信息记录材料，2020，21（07）：32-33.

　　档案是保存备查的历史文件，档案由办理完毕且有保存价值的文件转化而来，这指明了档案的成因和价值因素。文件是各类社会组织和个人在履行职务、处理事务的实践活动中形成的具有效用的一切材料的总称。由于社会实践的持续性和继承性，将以后仍具查考利用价值的文件有规律、有规则地保存下来，就转化成了档案。

　　可以说，现在的档案就是过去的文件，现在的文件就是将来的档案，二者具有天然的"血缘关系"。从某种意义上说，"文件"和"档案"是同一事物在不同阶段的两种称呼或两种表现。

　　档案的形式多种多样，这揭示了档案的物质存在形态和形式范围。档案的形式是指档案文件的存在形式、内容记述、显示方式等因素。从档案信息载体来看，有甲骨、金石、缣帛、竹简、泥板、纸草、纸张、胶片、磁介质、光介质等；从信息表达方式来看，文书档案有法律、条例、办法、决定、指示、总结等，科技档案有产品图、竣工图、测绘图、气象图等；从档案材料制作方式来看，有刀刻、手写、印刷、摄影、录音、录像、复印、缩微等。档案形式的多样性要求我们在进行档案管理活动时，要注意从档案形式方面构建结构合理、科学的档案库藏结构，丰富档案资源。

　　档案是原始的历史记录，这揭示了档案的本质属性，是档案定义的核心和实质。"原始的历史记录"是档案之所以成为档案的质的规定性。"档案是原始的历史记录"这一本质属性，是科学界定档案的范围、是恰当区分档案和非档案的根本标准。

二、现代档案的种类与属性

（一）现代档案的种类划分

由于划分标准和认识角度的不同，档案的分类也各不相同。

1.按档案的载体划分

按照档案的载体划分，可分为纸质档案与非纸质档案。纸质档案是指以纸张为书写载体的档案，非纸质档案主要指除纸张载体以外的档案。非纸质档案又可以分为两种：一是传统载体档案，如以甲骨、金石、竹简、缣帛等为载体的档案；

二是新型载体档案，如以照片、录音、录像、软盘、光盘等感光或磁性材料为载体的档案。档案载体的不同，其制作、管理、传递以及耐久性和保护方法均有所不同。

2. 按档案形成领域的公私属性划分

从档案形成领域的公私属性角度，可分为公务档案和私人档案。公务档案是指机关、团体、企事业单位和其他组织在其职能活动中直接形成的档案，其具体文件形态主要是公务文书，如法律、法规、行政公文等。私人档案是指人们在私人事务中直接形成的档案，其形态主要是私人文书，如日记、文稿、信函、票据、账单、笔记等。

3. 按档案形成的政权性质和阶段划分

按照档案形成的政权性质和阶段，可把档案分为新中国成立后档案、革命历史档案、旧政权档案。新中国成立后档案指 1949 年 10 月 1 日中华人民共和国成立后，在我国形成的归国家所有的档案；革命历史档案指 1949 年 10 月 1 日中华人民共和国成立前，由中国共产党及其所领导的军队、政权、企事业单位、社团等社会组织及个人所形成的归国家所有的档案；旧政权档案指 1949 年 10 月 1 日中华人民共和国成立前，除革命历史档案之外的所有归国家所有的档案。这三部分档案又被称为国家档案全宗。这种划分的意义在于便于国家从行政管理角度对全国范围内归国家所有的全部档案进行宏观管理和控制。

4. 按文书档案、科技档案和专门档案划分

文书档案也称为党政档案，是反映党务和行政管理方面的档案，是党政机关、团体、企事业单位在党务和行政管理活动中形成的档案材料，如国家行政机关和其他单位组织发出和收到的指示、请示、报告、批复、决议、决定、通知等。

科技档案的全称是科学技术档案，是指在科学技术研究过程中形成的，具有保存价值的文字、图表、数据、声像等各种形式载体的文件材料。

专门档案是除指文书档案、科技档案之外的，所有在专业职能活动中形成的档案，如人事档案、会计档案、诉讼档案、病历档案、婚姻档案等。由于社会分工细致，专业档案种类繁多，不再一一列举。

（二）现代档案的属性研究

属性是事物本身所固有的性质，是事物必然的、基本的、不可分离的特性，又是事物某个方面质的表现。一定质的事物常表现出多种属性，有本质属性和非本质属性的区别。

1. 现代档案的一般属性

（1）信息性

档案是信息大家庭的一员，它是一种书面符号记录信息。档案是不同于内储信息、自然信息的外化信息。内储信息指的是经过人脑加工、储存在人脑信息库中的没有外化、记录下来的信息。自然信息指的是自然界中没有被人们记录、保存下来的信息。档案信息是一种外化信息，而且其信息外化是通过符号记录实现的。因此，它不同于内储信息和自然信息。

档案是一种有记录信息。按外化结果来划分，信息可以分为有记录信息和未记录信息。有记录信息是指那些已经写在书上、画在纸上、录在磁带上、刻在石碑上等以某种外在形式记录、固化下来的信息，此类信息具有延续性、继承性和共享性。未记录信息是指那些实际存在或存在过但没有以某种外在形式记录、固化下来的信息，它是信息的主要表现形式，这种信息具有大量性、广泛性，如人的一言一语、一举一动以及一闪而过的想法、人脑中的记忆、已经灭绝的生物信息等都可以构成未记录信息。档案显然是一种有记录信息，并且是一种原始性的记录信息。

档案是第一层次（原始）的书面符号记录信息。符号记录、实物记录都可以根据它们的产生方式划分为原始记录和整合记录。原始记录是人类活动直接产生的初始记录，如原稿、原创乐谱、草图、实验记录及其他人类活动的直接记录等。整合记录是指人类对原始记录进行复制、整合再加工而产生的记录，如书籍、期刊、图册等。

档案是归档后的原始性书面符号记录信息。原始性书面符号记录信息可以划分为现行文件和档案。我们可以将文件理解为"现在进行时"的原始性书面符号记录，即它作为相关人类活动的组成部分处于正在执行现行职能的状态。而这种状态结束后，其价值较高的部分需另行保存，以便长久查考、利用，这就形成了档案。

（2）文化性

文化是一个非常广泛的概念，给它下一个严格而精确的定义是一件非常困难的事情。不少哲学家、社会学家、人类学家、历史学家和语言学家一直试图从各自学科的角度来界定文化的概念。总的说来，人们认为文化是一种社会现象，是人们长期创造形成的产物。同时，文化还是一种历史现象，是社会历史的积淀物。确切地说，文化是指一个国家或民族的历史、地理、风土人情、传统习俗、生活方式、文学艺术、行为规范、思维方式、价值观念等。

根据以上的文化概念，显然，档案具有文化性，主要包括：档案本身就是文化发展的产物。人类不是从诞生开始就具有档案这种事物，而是在产生了记录工具——书面符号后档案才产生的。书面符号本身就具有强烈的文化属性。档案也是一种历史现象，是人类历史的积淀物。档案的内容包含了大量的文化记录，它记录了一个国家或民族的历史、地理、风土人情、传统习俗、生活方式、文学艺术、行为规范、思维方式、价值观念等。

2. 现代档案的本质属性

档案除了具有政治性、机密性、信息性等属性外，还具有利用价值性，但本质属性是原始记录性。档案是历史的记录，是人们真实活动的记载。档案无论从形式或内容特征上都表现出原始记录性，档案不是人们有意识编写、加工的，而是为完成某项工作自然形成的，对于后人来说，它是第一手的资料，因此，档案具有很强的凭证作用。正因为这种原始记录性能真正反映历史的原貌，从而使档案成为最真实、最可靠、最为宝贵的材料。原始记录性是档案最本质的属性，是档案区别于其他文字材料的根本特征。

"原始性"直接关系到档案的"证据价值"，是一个根本性的问题。同时，也必须意识到，档案的"原始性"并非绝对的，仅仅是相对于当时、当事和特定主体而言的。还必须指出，电子档案虽存在易更改性，但从相对的角度看，仍然具有原始性；另一方面，随着电子文件及电子档案信息安全保障技术的日益完善，其典型意义上的原始性仍然是非常显著的。我们不能以技术保障措施的缺陷去否认电子档案本身客观存在的"原始性"。客观地讲，只是人们还没有找到有效的解决办法而已。

档案的"记录性"，指档案是基于某种需要而有意识地通过特定的方式与方法形成和积累的。一方面，任何档案的形成都是有意识的而不是无意识的，是人类有意识地制作和使用文件，并有意识地将完结文件中具有保存价值的部分经规范，集中和系统整理后转化而来的。另一方面，文件和档案都以文字、声音、图像、数字、图形、线条等符号记录了当时、当事和特定主体开展工作、处理事务的具体思想和活动过程及其成果情况。文献所蕴含的知识与信息是人们通过用各种方式有意识地将其记录在载体上的，而不是天然荷载在物质实体上的。

三、对档案价值的梳理分析

（一）档案价值的具体内涵

档案的价值是档案和档案管理工作存在与发展的生命力之所在。所谓档案的价值，是指档案的利用价值，亦即档案对社会需要的满足或者说是档案对满足社会需求的有用性。档案的属性特别是本质属性能够满足社会的某种需求时，就形成了档案的价值。档案的价值问题是事关档案"生死"、决定档案事业"存亡"的最根本的问题之一。需要指出的是，档案不是商品，因而"档案的价值"不是政治经济学上定义的"价值"，而是指档案的使用价值或者说是它的"有用性"。

（二）档案的两大基本价值

1. 凭证价值

档案是原始记录，是历史的真凭实据，这是因为：其一，从档案形成的特点来看，它是从形成者当时、当地、当事直接使用的文件材料转化而来的，是未经任何改动的原稿或原本，所以它原始地、客观地记录了人们当时的思想和活动，是令人信服的历史证据；其二，从档案本身的特点来看，它记录着形成者留下的历史真迹，如手迹、印信和当时形象的照片、录像以及原声录音等，所以它是确凿无疑的原始文件和历史凭证，可以成为查考、研究、争辩和处理问题的依据，具有无可置疑的凭证价值。

2. 参考价值

档案是对历史活动过程与事实进行的原始记载，也是对人们参与社会实践过程中的思想发展情况的重要记录，是对人类改造自然与社会的思想过程、创作成果、实践经验的重要反映，为后人进行历史考查提供了关键凭证。因此，人类在对事物发展过程与规律进行研究、对既往发展历史进行考查、对历史遗产文化进行批判继承的实践过程中，档案发挥着至关重要的参考价值与情报价值，人类能够借助档案吸取历史教训、学习历史经验，并在此基础上实现新的创造。档案是人类在历史实践过程中直接产生的历史资料，其参考价值或情报价值也具有原始性和可靠性的特点，这是其他文献资料所不及的。

四、档案的基本作用

档案的一般作用是档案基本价值的具体表现。机关、单位工作查考的凭据档案是由机关等社会组织在过去活动中形成的文件转化而来的，记录和反映了社会组织过去各方面活动的情况，并在最初主要是为社会组织工作服务。社会组织要保证其工作的正常开展和延续，一般必须查考利用档案，因而档案工作成为社会组织行政管理工作的重要组成部分。为了解组织历史，各社会组织在工作中为增强职工的主人翁责任感而进行宣教，为塑造良好的组织形象而进行社会宣传，为科学决策和制定切实可行的管理规章，为掌握工作规律或寻求解决问题的办法等，通常需要查考利用档案。无案可查或有案不查，都会给工作带来困难。

（一）档案作用归纳

1. 机关工作的查考凭据

档案是由机关、社会组织等在过去的活动中形成的文件转化而来的，最初主要是为机关工作服务。档案记录和反映了机关和社会组织过去各方面活动的情况。要保证工作的正常开展和延续性，就应该查考利用档案。无案可查或有案不查，都会给机关工作带来困难。

2. 生产建设的参考依据

档案记载了各种生产活动的情况、成果和经验教训，也反映了自然资源、生产条件、生产管理和生产技术等方面的信息，可以作为经济管理、各项生产的依据和参考资料。

3. 政治斗争的必要手段

档案总是在一定的社会制度中产生，由一定的阶级和政治集团形成，它记录和反映了社会上各阶级、政治团体等各方面的情况，档案历来是阶级统治和政治斗争的必要手段。

4. 科学研究的可靠资料

任何一种研究都必须以广泛地占有资料为基础，以资料的真实可靠性为前提。在科学研究中，档案能通过原始的记录提供直接借鉴，且能通过大量的实验、观察，用概括的理论提供间接参考，档案是科学研究的必要条件。

5. 宣传教育的生动素材

和其他宣传材料相比，档案以其原始性、直观性、具体性和生动性等特点见长。利用档案著书立说、报告演讲、进行文艺创作、举办各种展览等将具有强烈的说服力和感染力。

（二）档案的作用规律

档案价值与作用的发挥具有一定的规律和特点，具体可归纳为以下几点。

1. 档案价值的时效律

档案的价值与时间的关系极为密切。档案价值的时效律，是指有些档案的作用是有时限性的，有的档案可能在一段时期内有较高的查考价值和利用价值，随着时间的推移，这种价值逐渐减小，甚至消失，如条约、合同、协议类的档案，其时效性与档案内容的有效期直接相关。而有的档案，由于社会要经常地、反复地查考利用，其价值可以说是永久存在的，不会随着时间的推移而变化，如天文、水文、勘测、气象类档案，其时效性较长，因为这类档案历经的时间越长、积累的数量越多，就越能寻找其中的规律。

掌握档案价值的时效律，要求我们正确判断不同档案的时效性以适时地提供利用，以免因错过最佳的开发利用时机而丧失档案的部分或全部价值。

2. 档案价值的扩展律

所谓档案价值的扩展律，是指有些档案作用的范围存在一种逐渐扩大的趋势。即由对本单位的第一价值过渡到对社会的第二价值。一些档案在形成后的一段时间内，作为本单位工作和生产活动的必要条件，它所发挥作用的对象主要是本单位。随着时间的推移，第一价值实现到一定程度，本机关对这些档案利用的需要会逐渐淡化，第一价值就向第二价值过渡，档案就由机关档案室向档案馆进行移交。档案的价值和作用也就突破原来形成机构的范围而扩展到社会的各个方面，形成了丰富的、多样化的社会价值形态。掌握档案价值的扩展律，有助于处理好档案管理中当前与长远、局部与整体、保密与开放的关系。

3. 档案的机密程度的递减规律

随着时间的推移，档案机密程度不是一成不变的，档案的机密性会日渐减退，有的甚至失去机密性，最终可以向全社会开放。一般而言，档案形成时间距今越远，机密程度越小；现行机关的档案机密性相对较强些。档案的机密程度与档案的保存时间成反比。掌握档案的机密的递减规律，有助于我们妥善处理好保密与开放的关系，及时有效地开发档案信息资源，发挥档案的价值与作用。

4. 档案发挥作用的条件和规律

档案发挥作用受到一定条件的制约。档案的作用是客观存在的，而档案的作用能否发挥及作用发挥的大小，取决于如下三方面因素。

受社会发展水平的限制。社会发展水平，如社会制度以及政策、法律等，对档案的利用需求程度有很大的制约作用。总的来说，政治、经济、科技、文化、教育提供的条件发展到什么程度，档案价值就实现到什么程度。

受档案管理水平的限制。档案发挥作用的先决条件之一就是要用科学的方法和工具把档案管好，收集齐全，整理科学，排列有序，检索工具齐全，查找利用方便，只有这样才能有效地促进并满足社会对档案的需求，实现档案的价值。反之，档案的价值只能停留在潜在状态中无法实现。

受人们对档案认识水平的限制。档案的作用是客观存在的，然而它的作用的发挥又受到人们对档案认识水平的限制和制约。几十年档案工作的实践证明，凡是社会档案意识较强、人们对档案作用有足够认识的地方或单位，档案的作用就发挥得较好。

认识这些规律，有助于帮助我们树立正确的档案价值观，搞好档案的宣传工作，增强全社会的档案意识，认真分析档案，利用工作中出现的困难和问题，从社会现状出发，创造条件，采取最有效的方法为社会服务，满足社会的档案需求，最大限度地发挥档案的价值与作用。

五、档案业务工作

（一）档案的收集工作

各机关、团体和个人在工作和生产活动中形成的文件往往是分散的，而机关和社会上利用档案则要求一定的集中。为了解决文件形成后的分散状态和利用要求集中的矛盾，就形成了档案的收集工作。

（二）档案的整理工作

收集起来的档案，数量很大，成分复杂，而档案的日常管理和社会的实际利用需要的是系统化、条理化的档案。为了解决档案的零乱状况同系统管理和查找利用的矛盾，就形成了档案的整理工作。

（三）档案的鉴定工作

随着社会的发展和各项实践活动的进行，新的档案不断产生，数量日益增多。档案保存了一定时间后，有些档案失去了保存价值，有些档案仍需继续保存，有用和无用的混杂在一起，玉石不分，而人们需要保管和利用的是那些有价值的档案。为了解决档案庞杂和利用需要精炼之间的矛盾，就必须对档案进行审查和鉴别，做到"去粗取精"。

（四）档案的保管工作

由于各种自然因素和社会因素，档案始终处于渐进性的自毁过程中，甚至可能遭受水、火、地震、战争等天灾人祸的突变性破坏，而社会的利用则要求我们把档案长久地保管下去。为了解决档案不断损毁与长远利用的矛盾，必须采取各种保护措施，保证档案的安全，这便形成了档案的保管和保护工作。

（五）档案的检索工作

档案通常根据其自然形成规律，按照基本的体系整理和存放的，而社会利用档案则是具体的、特定的和多种多样的。人们要在浩瀚的档案海洋中查找自己所需要的档案材料，犹如"大海捞针"。于是，为了解决庞大的、基本的整理体系与具体的、特定的利用需要之间的矛盾，便形成了档案的检索工作。

（六）档案的利用服务工作

档案工作的目的是为了提供利用价值，充分发挥档案在现代化建设和各项工作中的作用，而收集、整理、鉴定、保管、编目等工作只是为利用服务奠定基础、创造利用服务的可能性。为了使可能性变成现实性，满足社会上利用档案的各种各样的需求，就要通过各种方式介绍和实际地提供档案，为利用者服务。

（七）档案的编研工作

人们到档案馆（室）利用档案，受到了时空范围的限制，影响了档案作用的充分发挥，而且档案材料多是分散的、零碎的，并不系统，而社会上需要的是集中的、系统的档案材料。为了做到提供主动的、系统的服务，就需要编辑、公布、出版档案史料和档案参考资料，在更大的范围内发挥档案的作用，这便形成了档案的编研工作。

（八）档案的统计监督工作

要实现档案的科学管理，还需要对档案和档案工作的有关情况进行全面调查了解，做到心中有数。为了解决数量不清与客观要求心中有数的矛盾，就必须对档案工作的各个环节及有关情况进行定量观察、统计和分析研究，这就形成了档案的统计监督工作。

上述对档案工作内容的划分不是绝对的，有时我们会根据档案工作各环节的地位和作用，将其分为基础工作和利用服务工作两大类。

档案的收集、整理、保管、鉴定、统计、检索等环节贯穿社会的需要和利用工作的要求，并且直接影响着利用服务工作，因此被称为基础工作。利用服务工作则是在此基础上为社会需要服务的主要环节。基础工作为利用服务工作提供物质基础和创造工作条件。没有基础工作，便无法开展利用服务工作。若档案收集不齐全、整理不系统、保管不安全、鉴定不科学、统计不准确、检索工具不完备，就不可能很好地提供档案为各项工作利用。利用服务工作则直接体现档案工作的目的和方向。它既反映基础工作的成果，又对基础工作提出要求，促进基础工作的发展。如果没有利用服务工作，基础工作便失去了存在的意义和工作的目标。因此，应正确处理好两者的关系，在具有一定基础的情况下，积极开展利用工作，不能长期关起门来"打基础"，而要在利用服务过程中促进基础工作。

若从档案工作的系统来看，档案业务工作是由许多相互作用的各个环节组成的独立系统。按其系统结构和功能可分为档案实体管理、档案信息开发和档案工作信息反馈处理3个子系统。

一是档案实体管理系统。档案是有一定实体的原始记录。要通过收集、整理、鉴定、保管等环节，使档案实体做好集中、有序、质量、安全4个管理，保证档案的合理利用，为充分开发档案资源创造条件。这是档案工作系统的基础。

二是档案信息开发系统。对档案实体承载的档案信息通过编目、编研等环节进行开发加工，转换成浓缩的文献信息，再通过利用服务，将档案信息传递给利用者。这样既便于利用，也有利于保护档案原件，使档案信息由静态变动态、由死档案变成活信息，充分发挥档案的作用。

三是档案工作信息反馈处理系统。通过档案的统计监督和用户调研等工作，对用户的意见、评价、要求，档案信息输出后的经济效益和社会效益等外部信息以及档案馆（室）工作人员在工作中发现的问题和改进意见等内部信息进行分析研究，从而协调改进档案工作，不断提高档案工作的管理水平，满足社会对档案工作的需要。

全面、辩证地认识档案工作各项内容的特点和共性，正确地了解和掌握各项工作内容的功能和它们之间的相互关系，对科学地组织档案工作、充分发挥档案工作的作用有重要意义。

第二节　档案管理理论依据

随着我国档案学国际学术交流水平的持续提高，学者们对外来理论的认知态度也更为严谨审慎。在吸纳国外优秀研究成果的同时，一些对我国档案学理论中"舶来品"的反思、批判和质疑声音开始涌现，理论反刍和知识考古成为我国档案学者在国际学术交流过程中不可避免的话题。

一、档案管理理论的发展背景

（一）在西方国家的起源与发展

档案管理理论起源于近代的法国，强调档案信息的完整性，但理论尚未形成体系，且西方各国都有各自的档案管理理论，这一时期的档案管理理论的发展是零散的、不成体系的。

1910 年 8 月，来自英国、法国、荷兰、西班牙以及德国等 23 个国家的 500 多名代表齐聚布鲁塞尔，召开了第一届"国际图书馆员和档案馆员大会"，会议决议成立"图书馆员协会"，作为非官方的社会团体组织和档案管理人员的专业协会。大会还实现了两个重要成果：一是确认了档案的整体性和体系化，属于同一对象的档案应当整体地、完整地保存在一个档案馆内，不应分散保存。二是开创了档案管理工作的国际合作模式。1948 年，国际档案理事会成立，档案管理国际化运作得到世界各国的普遍认可。

20 世纪 50 年代，美国档案学者提出"文件生命周期理论"，这是在档案管理工作日益专业化，且档案数量日益增加，需要科学、优化的管理方法的实践背景下产生的新理论。文件生命周期理论认为，文件从形成到最终销毁是一个完整的"生命周期"，但由于文件所蕴含信息的可应用性及实效性，这一生命周期可以被具体地划分为不同的阶段，即文件形成阶段、先行使用阶段、暂时保存阶段以及永久保存阶段，具体而言，就是录入档案信息，初始阶段档案可以被频繁利用，随着实践的发展和需要的变化，档案信息的使用频率逐渐下降，从频繁利用下降到偶尔利用，随着时间的推移，档案几乎不再使用，最后基本丧失了现实利用性，只有收藏价值，就会视价值之高低，决定永久保存或一次性销毁。

20 世纪 80 年代，在文件生命周期理论的基础上，西方档案学者又提出了"文件连续体理论"，这一理论的提出，是以信息技术日益参与到档案管理工作的实践为基础的。与传统的纸质版档案管理不同的是，电子数据在信息录入、存档以及共享方面具有极大的优势，特别是基本形式，从实物的纸质版到电子信息化虚拟保存，因此文件生命周期得以不再如以往般明显，而是形成一个连续体，档案保存工作进一步一体化，同时强调不同部门的合作，包括档案管理部门、技术部门以及行政管理部门等，需要档案主体单位具有一定的统筹。

（二）改革开放以来我国档案管理理论的发展

改革开放伊始，我国各项工作都面临新的时代环境，档案管理工作也顺应新的时代特点和要求，在此基础上逐渐形成了具有我国特色的档案管理理论。

20世纪80年代初，我国学者提出了主客体全宗理论，解释和回答了西方档案管理理论中，档案分头管理导致的效率低下、档案完整性不足的问题，指出档案管理应当是"在统一活动中形成的、有密切联系的档案文件整体"，强调档案的"整体"性，而不应按档案信息主管部门的不同而划分不同的类别。主客体全宗理论是基于我国集中统一领导的体制基础，结合我国具体实际国情提出的，对我国改革开发以来档案管理的实践发展具有重要的指导意义。

20世纪90年代，我国学者在总结实践经验的基础上，将以往的文件生命周期理论、文件连续体理论以及主客体全宗理论等进行总结，创造性地提出了文件运动规律理论。这一理论认为，档案管理既没有明显的生命周期，也不能由某一个部门或主体全盘负责，而是既要集中又要分散，要根据档案形式和档案管理工作流程，在各部门之间合理划分权责。同时，这一理论将档案文件和现行文件之间的关系进一步阐述清楚，即二者之间的关系不是单向的，而是双向的，档案信息在一定条件下，可以在现在的时点上继续发挥价值。有学者在进一步研究后为理论内容进行了必要的补充，认为在信息技术条件下，档案存放在硬盘中构成的是电子文件实体的集合，还需要一定的归纳方法，没有合理而科学的整合方法，这一集合只能是散乱无章的，档案无法有效地被应用，提高相关工作的效率将无从谈起，因此，必须有科学的归纳、整合方法，真正发挥出信息技术的便捷性和即时性，更好地为相关工作服务。

二、核心理论——文件生命周期理论

文件生命周期理论是文件管理的核心理论。20世纪文件数量的激增是文件生命周期理论产生的社会背景，20世纪45年代文件中心的出现以及人们寻找对其的理论解释是导致文件生命周期理论产生的直接原因。后来，随着研究范围的逐渐扩大，人们对文件的整个运动过程以及对这一过程的全面管理进行了系统研究，客观揭示了文件的运动过程和规律，最终形成了文件管理的核心理论。

（一）文件生命周期理论的价值内涵

文件生命周期理论认为文件具有一定的生命周期，现行文件从其产生到最终销毁或永久保管是一个完整的生命运动过程。在这一过程中，由于文件价值形态的变化，又可以划分为若干阶段。文件在每个阶段因其价值形态的不同，保存场所、管理方式及服务对象也不同。文件的价值形态与其保存场所、管理方式及服务对象之间存在内在的对应关系。

第一，文件从其形成到销毁或永久保存，是一个完整的生命运动过程。文件的产生、流转，办理完毕后归档保存或销毁，最终移交档案馆永久保存的过程是一个前后衔接、连续统一的生命运动过程。

第二，由于文件价值形态的变化，这一生命过程可划分为若干阶段。文件的生命运动具有阶段性特征，从文件价值形态的变化出发，中外档案界一般将文件生命运动的生命阶段划分为现行阶段、半现行阶段和非现行阶段 3 个阶段。

第三，文件在每个阶段因其具有不同的价值形态，而体现为不同的服务对象、保存场所和管理方式。现行阶段的文件具有现行效用，处于机关文件的流转过程中，等文件承办完毕以后，则需要根据其价值大小决定是否归档保存或销毁。归档保存的文件进入半现行阶段，这一阶段的文件对本机关具有一定参考作用，保存在本机关档案室或文件中心，主要为本机关服务，具有过渡性。文件在机关档案室或文件中心保存一定时期以后，经过鉴定，将其中具有永久保存价值的文件移交档案馆。进入档案馆永久保存的文件进入非现行阶段，非现行阶段的文件对形成机关已经丧失了最初的原始价值，而主要体现为对整个社会的价值。

文件在历经 3 个阶段的生命运动过程中，其对本机关的原始价值（对本机关的行政、财务、法律等价值）和对本机关之外的其他利用者的档案价值（证据价值和情报价值）出现了此消彼长的变化。在现行阶段，文件主要发挥对机关的现行效用，在机关部门间流转，直到办理完毕，文件主要体现为原始价值；在半现行阶段，部分文件最初仍然具有较高的原始价值，但随着时间的推移，原始价值逐渐衰减，部分文件的档案价值开始逐渐显现；在非现行阶段，文件的原始价值丧失而档案价值突出，文件为社会各界服务。随着文件原始价值的削减和档案价值的增加，文件的保管场所相应地发生了变化，从机关内部到文件中心（或档案室），最终移交到档案馆。文件的服务对象也逐渐由内向外，同时，服务方式经历了一个从封闭到开放的过程。

（二）文件生命周期理论的创新性发展

中外档案界对于文件生命周期理论所描述的文件生命周期的阶段划分和顺序运动规律是否完全适用于电子文件提出了质疑。他们认为，电子文件运动的阶段性特点发生了变化，在各阶段，电子文件的价值形态与相关因素的对应关系也发生了变化。传统文件的运动阶段大多是依序向前的，由一个阶段转入下一个阶段，但电子文件在特殊情况下可能会做逆向运动。传统文件运动阶段之间的界限分明，容易划分，但电子文件往往同时处于不同的运动阶段，难以划分各阶段的界限。而且，传统文件在各阶段的价值形态、保管场所、服务对象等相关因素的对应关系不再适用于电子文件。由于对技术、设备和系统的依赖性，以及信息内容与特定载体的可分离性，电子文件的价值形态可能无法保持与保管场所的绝对对应。

面对电子文件的挑战，澳大利亚档案学者提出了"文件连续体"理论 (Theory of Records Continuum)。其核心思想在于强调文件生命运动的整体性和连续性，并将文件保管形式与业务活动和业务环境联系在一起。

文件连续体思想最初萌生于 20 世纪 50 年代，基本形成于 20 世纪 80 年代，至 20 世纪 90 年代，澳大利亚档案学者弗兰克·厄普沃德提出了文件连续体管理模式和思想方法。他构造了一个多维坐标体系来描述文件的运动过程。这一坐标体系包括 4 个坐标轴——文件保管形式轴、证据轴、业务活动 (事务处理) 轴和形成者 (来源) 轴。其中，文件保管形式轴是核心，它的变化带动了其他坐标轴的相应变化。文件保管的形式决定了文件的其他要素，文件保管形式轴上的文件保管形式由单份文件到案卷、全宗的变化而带动了其形成者、业务活动和价值的变化。文件连续体理论的四"维"——"文件的形成""文件的捕获""文件的组织""文件的聚合"则以时间为基础，体现了文件保管各个要素的联合和互动。

文件连续体理论产生的基础是电子文件管理的实践，它是对文件生命周期理论的补充和发展。文件连续体理论的创新之处在于以下几点。

（1）研究视角独特。它强调的是文件保管形式的变化对文件其他要素的影响，描述了文件从最小的保管单位到最大的保管单位的运动过程和规律性。

（2）研究方法新颖。采用一个多维坐标轴体系来描述文件的运动过程，将文件运动纳入一个立体、多元的环境之中，考察文件保管形式与价值形态、业务活动及形成者之间的互动关系。

（3）研究基础不同。研究的基础在于将文件运动视为一个连续的过程，强化了文档管理的关联性和文件管理的全过程性，更加符合电子文件运动的自身特点。

三、重要依据——档案鉴定理论

档案鉴定理论是档案工作的重要内容之一，鉴定工作决定档案的保管期限和存毁命运。根据国际档案理事会组织编辑的《档案术语词典》，鉴定（appraisal）是指"根据文件的档案价值来决定如何对其进行最后处置的档案工作基本职能，也称为 evaluation（评价）、review（审查）、selection（选择）、selective retention（选留）。"

从法国大革命至今，近现代档案鉴定理论大体走过了如下几个发展时期：第一个时期自 1789 年法国大革命至 19 世纪末，为国家颁布和实施档案鉴定规章，为档案鉴定理论酝酿准备时期；第二个时期自 20 世纪初至 20 世纪 20—30 年代，为档案鉴定理论的初步探索时期；第三个时期自 20 世纪中期至 20 世纪 70 年代末，为档案鉴定理论走向成熟时期；第四个时期自 20 世纪 80 年代初至今，为档案鉴定理论进一步发展时期。

从 19 世纪末至今，西方产生的比较著名的档案鉴定理论主要有：年龄鉴定论、职能鉴定论、行政官员鉴定论、双重价值鉴定、利用决定论、社会分析与职能鉴定理论（宏观鉴定理论）。

（一）年龄鉴定论

1901 年，德国档案学家迈斯奈尔提出了档案鉴定应当遵循的一般原则和标准，其中一条原则是"高龄案卷应当受到尊重"。迈斯奈尔这一论断，在当时产生了强烈的震撼作用。因为在此之前，人们总是将已经丧失现行效用的文件销毁，尤其是古老的案卷。"高龄案卷应当受到尊重"这一论断提出以后，得到各国的广泛响应，在此基础上，产生了"年龄鉴定"，强调应尊重并妥善保管年代久远的档案，档案产生的年代越久远，其价值越大，因为同时期能够保留下来的档案数量很少。

年龄鉴定论尊重和体现了档案所具有的历史文化价值，对于历史档案的保存具有重要的意义。根据年龄鉴定论，各国相继规定了本国档案的"禁毁年限"，在禁毁日期之前的档案禁止销毁，使得年代久远、数量较少的珍贵档案得到了有效保护。许多国家都选择该国历史上有重大意义且此前所存档案为数不多的年份作为禁毁年限，德国确定为 1700 年，英国确定为 1750 年，法国确定为 1830 年，意大利和美国都确定为 1861 年。随着时代的发展，禁毁年限也会发生变化，一般是往后推移。

继迈斯奈尔之后，布伦内克在档案鉴定理论方面做出了许多贡献。他总结了古代鉴定的历史经验，认为过去是为解决空间不足的困难而进行鉴定和销毁，大半是简单地把行政上不再需要的最老的案卷加以销毁，但往往销毁的正是历史上最有价值的文件。由档案员所进行的现代有计划的鉴定销毁，是根据鉴定原则和标准来确定文件价值的销毁。

（二）职能鉴定论

波兰档案学者卡林斯基在 20 世纪 20-30 年代根据对德国鉴定理论的研究，提出了著名的"职能鉴定论"。所谓职能鉴定论，即按照机关在政府机关体系中的地位和职能的重要性，来确定档案文件的价值及保管期限。卡林斯基认为机关的地位不同，其所形成的文件价值也不一样。他按照机关的地位，把档案文件划分为 A 类和 B 类。A 类是最高行政机关的文件，要永久保存，B 类是低级机关的文件，应在保存一定时期后销毁。职能鉴定论重在分析文件的内在价值，鉴别文件内容所反映的机关职能的社会意义，从而使档案鉴定理论在定性研究方面向前迈进了一大步。

（三）行政官员鉴定论

英国著名档案学家詹金逊于 1922 年在其出版的著作《档案管理手册》中明确提出了只能由行政官员参与和主持文件鉴定的观点。詹金逊主张对销毁文件持极为谨慎的态度。他认为销毁文件应由行政机关自身处理，反对档案人员参与鉴定和销毁文件。其理由是文件是行政活动和事务处理的原始证据，后来的整理者进行人为干预，会使文件的原始证据性遭到破坏。档案人员如果参与文件鉴定，其个人判断会玷污档案作为原始证据的神圣性。同时，档案人员的干预也会妨碍档案保存目的的实现，不利于满足历史学家或其他研究者对档案的利用。因此，文件的鉴定和销毁应由产生它的行政官员负责，档案人员不宜参与。詹金逊的这一鉴定理论被称之为"行政官员鉴定论"。其核心是将档案人员排除在鉴定工作之外，而主张由文件的形成者——行政官员决定档案的命运。这种观点具有明显的局限性和片面性，因为行政官员往往从本机关的利益和立场出发，缺乏社会历史性和客观性，由其单独做出鉴定，将难以维护档案的原始记录性，而且档案的质量也难以保证。

（四）双重价值鉴定论

1956 年，美国档案学家谢伦伯格在其《现代档案——原则与技术》一书中，提出了公共文件的双重价值理论，从而为档案鉴定理论奠定了科学基础。双重价值理论的提出，标志着档案鉴定理论逐步走向成熟，具有划时代的意义。谢伦伯格认为，公共文件具有两种不同的价值，即对原机关的原始价值和对其他机关与私人利用者的从属价值。机关官员要对鉴定文件的原始价值负主要责任。公共文件之所以保存在档案机构，是因为它在现行效用消失后对其他利用者还具有长期的保存价值。公共文件内既含有关于政府机关的机构组织和职能运行的证据，又含有与政府机关有关的个人、法人团体、问题和情况等的情报资料。因此，公共文件还具有从原始价值中衍生出来的从属价值——档案价值，档案价值包括证据价值和情报价值。谢伦伯格率先将档案价值鉴定理论建立在分析档案价值的基础之上，改变了档案鉴定理论的经验主义色彩，成为真正的理性分析的结晶。而且，谢伦伯格深入分析了构成档案证据价值或情报价值的具体因素，从而使其鉴定理论更具有操作性。

根据谢伦伯格的观点，文件的原始价值指文件对其形成部门工作事务的有用性。其作用分别体现为行政管理价值、财务价值、法律价值等。文件的行政管理价值是档案工作者最初关心的一种价值，是文件在处理日常事务中所具有的价值，如后勤、人事、交通运输、通信、财产等；文件的财务价值是文件在机构管理中对于预算、资金的使用等所具有的价值。具有财务价值的文件是与各种财务方针和财政事务有关的文件；文件的法律价值是文件对于履行机构的法律义务和在法律程序中保护机构利益所具有的价值，以及文件对于保护公民或公众的公民权、法定权益、产权及其他权利的价值。

文件的从属价值，即档案价值主要体现在对文件形成机构之外的其他社会组织或个人所具有的价值，包括证据价值和情报价值。证据价值指文件在脱离现行期以后，对有关政府的组织机构和职能运行的证据作用。具有证据性价值的文件，就是为该机关的组织和职能提供真实的、适当的文献证据所需要的文件。档案工作者要判断文件的证据价值，必须具备文件产生机关的行政管理背景知识，包括：①机关在所属机构行政等级系统中的位置；②机关所执行的职能；③机关在执行一定职能时所进行的各种活动。档案工作者在鉴定文件的证据价值时，要将一个机关的文件看作一个整体，以确定文件之间的内在联系，以及任何一个文件组合在整个文献证据系统中的意义，而不应该以单份文件的鉴定为基础。情报价值亦称研究价值，来源于公共文件中有关公务机构所处理的与个人、法人团体、地点等有关的情报资料，而不是来源于公务机构本身的情报资料。情报价值的鉴定可以在单份材料的基础上进行，因为这种判断的根据仅仅是文件的内容，而不是它与同一机构产生的其他文件之间的关系。对于公共文件情报价值的鉴定，要求档案工作者具有对研究资料、研究需要和研究方法等方面的专业知识。

（五）利用决定论

20 世纪 60–70 年代，继谢伦伯格之后，美国历史研究领域出现了各种新的史学流派，史学工作者利用档案的范围大为扩展，由此，出现了档案的"利用决定论"。主要代表人物有米耶·菲斯本和埃尔西·弗里曼·芬奇等。他们的核心观点是将学者尤其是历史学家的利用需求视为鉴定档案的最重要标准，强调档案的从属价值决定档案的根本性质，如美国国家档案与文件局的重要鉴定思想家米耶·菲斯本主张"编史工作的最新趋势是判断文件价值的首要标准"；埃尔西·弗里曼·芬奇认为"了解用户为什么和怎样接近档案，将为我们提供鉴定文件的新标准"。这种理论以利用者（学者）的需求作为鉴定档案的首要标准，带有很大的片面性。它使档案鉴定破坏了文件在其形成者业务活动中形成的自然联系，忽视了档案的形成者延续机构记忆的需要，使档案的价值仅限于学术利用，却忽视了档案的社会性和广大公众的普遍利用需求。因此，"利用决定论"后来遭到美国学者的批评和否定。

（六）社会分析与职能鉴定论（宏观鉴定理论）

20世纪80年代以来，档案鉴定理论的思想基础发生了一个根本性的变化，即由国家模式向社会模式转变，要求档案价值鉴定标准的客观化和社会化，选为档案的文件应全面反映当今社会的价值、模式和职能。这就促使档案鉴定理论的视野更加开阔，"社会分析与职能鉴定论""文献战略"和"宏观鉴定战略"在德国、美国和加拿大得到全面发展和论证。我国一些学者将上述鉴定理论统称为"新职能鉴定理论"或"宏观鉴定理论"，它们的共同特点是，强调档案的价值在于反映产生它的社会，档案的社会价值是由档案形成者的职能来体现的。

"新职能鉴定理论"（"宏观鉴定理论"）是对20世纪20-30年代卡林斯基提出的传统"职能鉴定理论"的发展。"新职能鉴定理论"强调文件形成者的社会职能对文件价值鉴定的重要性，强调的是社会层面的广义的社会职能；传统的"职能鉴定理论"注重的是文件形成者在政府机构体系中的等级和地位，强调的是狭义的机构职能。

"社会分析与职能鉴定论"的最主要代表是德国档案鉴定专家汉斯·布鲁斯，他在20世纪60年代末提出了这一理论，并于90年代初对其进行了修正。其核心思想是，选为档案的文件应该体现文件产生时期的社会价值，应通过文件形成者的职能来体现社会价值。档案价值不应该取决于詹金逊所说的行政官员，也不应该取决于谢伦伯格所说的历史学家，而是取决于人民大众。

20世纪70年代初，以加拿大档案学者休·泰勒为代表的档案学者提出了"总体档案"概念，要求将包括官方档案文件与私人文件在内的"总体档案"纳入加拿大国家档案馆以及其他所有的公共档案馆馆藏，旨在建立一个国家档案馆网络来反映"人类事业"和"总体"范围。20世纪80年代中后期以来，美国档案学者海伦·塞姆尔斯提出了"文献战略"概念，加拿大档案学者特里·库克提出了"宏观鉴定战略"，其实质都是对"社会分析与职能鉴定论"的进一步论证和发展，体现了一种宏观鉴定的思想。

特里·库克在第 13 届国际档案大会的主报告中，对"宏观鉴定战略"作了说明和阐述，他指出："作为档案鉴定的核心——鉴别具有永久保存价值文件的过程需要改变，这是因为文件的传统概念和物质形态不复存在，需要鉴定的文件数量过大，而这种鉴定往往必须在一份文件产生之前在计算机系统设计阶段完成，鉴定将因此侧重职能、业务和风险分析，而非文件及其潜在价值。"因此，"档案事业的关注焦点将很快从文件实体转向文件的形成过程，从分析个别文件的性质和特征转向更好地了解导致文件产生的业务职能、活动、任务、事务处理和工作流程；从根据文件内容价值或研究价值进行鉴定转向宏观鉴定形成者的主要职能、计划和活动，并挑选出反映它们的最精炼文件永久保存"。"宏观鉴定战略"使鉴定工作的对象和重点由文件和档案转向其形成者和形成过程，根据文件在机关职能活动中的作用来鉴定其价值。1989 年以后，库克的鉴定思想在加拿大国家档案馆付诸实施，采用"新宏观鉴定接收战略"，这是一种以职能为基点、以来源为基础、适用于多种载体文献鉴定的方法。它不是根据预期的研究用途来鉴定文件，而是尽可能在档案文件中反映形成者的职能、计划和活动，反映社会上那些与文件形成者相互作用的机构，并在"总体档案"的框架下，将私人文件作为联邦政府文件的补充进行宏观鉴定和收集。

可见，"新职能鉴定理论"（"宏观鉴定理论"）使档案鉴定的思想基础发生了实质性变化，认为档案应反映其产生的社会，档案价值与社会发展紧密相关，视档案价值为社会自身价值的反映，从而突破了将档案价值理解为文件客体对利用者主体需要满足的传统档案鉴定的思想基础。鉴定方法不再从文件的内容出发，而是围绕文件形成者的职能、任务和活动而展开的宏观的鉴定工作。这种鉴定方法尤其适用于文件产生数量庞大的电子文件的价值鉴定。

纵观中外档案鉴定理论，有以下两个方面的共同点：第一，对档案价值构成基本达成共识。普遍认为档案价值由两个方面的基本因素构成，一是档案自身的特点，二是社会对档案的客观利用需求，档案价值从某种角度上分析就是档案满足利用者需求的一种关系及其程度。此外，"新职能鉴定理论"（"宏观鉴定理论"）体现了档案价值鉴定的思想基础由国家模式向社会模式的转变，对 21 世纪的档案价值鉴定工作产生了广泛的影响力。第二，对鉴定标准的制定存在共同之处。

第三节　现代档案管理工作体系

一、档案工作的性质

档案工作是什么性质的工作？这对档案工作者来说是一个重要的问题，为了做好档案工作，必须了解档案工作的性质。因此，我们应该从档案工作自身的特点和档案工作同其他工作的关系中认识档案工作的性质和规律。

（一）档案工作是一项管理性的工作

什么叫管理？就是人们根据事物的客观规律、劳动对象和工作特点，运用计划、组织、指挥、协调、控制等基本活动，有效地利用人力和物力，并促进其相互配合，达到最佳的结合，发挥最高的效率，以顺利地达到人们预期的任务和目标。管理也就是"管辖""处理"的意思。凡是许多人在一起共同劳动，都必须有管理。档案工作的管理性表现为：

1. 档案工作是专门负责管理档案的一项专门业务

国务院《关于加强国家档案工作的决定》中指出："档案工作的任务就是在统一管理国家档案的原则下建立国家档案制度，科学地管理这些档案，以便于国家机关工作和科学研究工作的利用。"这里讲的档案工作的任务，实际上就是管理任务。从宏观上讲，就是科学地管理好全国的档案，把档案信息资源开发出来，服务于社会主义现代化建设。从微观上讲，就是管理好一个单位的档案，为本单位各项工作服务。所以，档案工作确切地说是档案管理工作。这种管理工作有特定的工作对象和整套管理档案的原则和方法，不同于一般的人、财、物的管理工作。它是通过对档案的科学管理，发挥档案的作用，来为党和国家各项工作服务的专业工作。

2. 在一定的机关单位，档案工作是机关工作的组成部分

机关的档案工作具有双重性质。一方面，它是国家档案事业的组成部分；另一方面，它又是某种管理工作的组成部分。如会计档案是整个财会活动的记录和反映，是进行财务工作的工具和手段，是财务工作不可分割的组成部分，没有账

簿、凭证、财务报表，财务机关是无法进行管理工作的。在科研和生产部门，科技档案则是生产管理、技术管理、科研管理的组成部分。假如一个科研机关没有各种科学实验的记录和各种科研文件材料，一个设计单位没有各种设计图纸，那就寸步难行，无法开展工作。所以，对于任何机关和部门，档案工作就是某种工作管理的组成部分。

3.档案工作是专门管理档案的科学性工作

档案工作就是要"分理擘肌，鉴貌辨色，规圆矩方，依时顺序"地按照科学方法进行管理。采取一套科学的原则和技术方法，组织集中档案，进行系统化和鉴别挑选，采取科学的保护措施，遵循档案和档案工作的客观规律进行科学管理，做到管理方法科学化、管理机构高效化、管理工作计划化、管理手段现代化，充分发挥档案的作用，满足社会利用档案的需要。因此，档案工作是一项科学性的管理工作。

档案工作的管理性，要求档案工作人员必须掌握档案学知识，特别是档案管理的理论、原则和方法，积极地学习档案管理现代化的知识与技能，以适应档案工作的开展。

（二）档案工作是一项服务性的工作

从档案工作同其他工作的关系来说，它属于一项服务性的工作。社会上的服务工作很多，其中文献资料服务工作也不止一种，而通过提供档案这种文献资料来为各项工作服务，是档案工作区别于其他工作的特点之一。

档案部门管理档案是为了满足社会主义事业对档案利用的社会需要，为人们了解情况、总结经验、研究问题、制定方针政策提供档案材料。它是通过收藏和提供档案材料这种特定的方式，为党和国家各项工作服务，为社会主义各项事业服务，属于资料后勤性的服务工作。档案工作同整个革命和建设的关系，是齿轮、螺丝钉同机器的关系。它既是党和国家所领导的革命和建设事业中不可缺少的组成部分，又是从属于并服务于革命和建设事业的，只有这样认识，才能摆正档案工作同整个革命和建设的关系。社会主义档案事业的产生、建立是由社会主义革命和建设事业的需要所决定的，档案事业的发展规模和速度是受社会主义建设事业的规模和速度制约的。档案事业的开展，要服从革命和建设事业的需要并为其服务。总之，从档案工作和其他各项工作的关系来说，档案工作是一项服务性的工作。

二、档案管理工作的重要性

档案管理工作是一项非常重要的工作，它对于一个组织或机构的发展和稳定起着至关重要的作用。档案管理工作可以确保组织的各项业务活动和管理制度符合法律法规的规定，避免组织因为违法违规而受到处罚或损失。档案管理工作还可以为组织提供证据，以维护组织的合法权益，保障组织的声誉和利益。

档案是组织和企业的历史记载，它们记录了组织和企业的成长历程、发展历程、经验和教训等，不仅可以提供有用的信息，帮助了解组织和企业的文化、价值观和发展方向等，还可以方便查找和利用这些信息，从而帮助组织和企业更好地开展工作。档案中记录了大量的机密信息和个人信息，例如企业的财务报表、员工的薪资信息、客户的隐私等，这些信息一旦泄露将会对组织和企业造成巨大的损失，因此，档案管理需要做好信息保密工作，制定相应的保密制度和安全措施，防止档案被非法获取或利用。档案中记录了组织和企业的重要知识和经验，这些知识和经验对组织和企业的发展至关重要，可以将这些知识和经验集中起来，形成有机的知识库，为组织和企业的决策和创新提供有力的支持。档案记录了组织和企业的文化传统和历史文化，例如企业的品牌形象、企业的精神文化等，这些文化元素是组织和企业的核心竞争力，可以将这些文化元素传承下去，让员工和社会了解并认同组织和企业的文化，从而增强组织和企业的凝聚力和影响力。因此，应该高度重视档案管理工作，不断完善档案管理制度和方法，为组织和企业的发展提供有力的支持。

三、现代档案管理工作的原则

（一）注意保持档案之间的有机联系

可以说，档案整理的任务就是要"自然地"按照"固有的次序"去排列组合档案文件实体并固定它们相互间的位置，使之保持其内在的、客观的有机联系，形成具有合理有序结构的整体。

　　档案之所以会对各种类型的、有着不同需求的用户有用，就是因为它记录了一定的人类活动过程。这种活动过程是与各种事物相联系的，因此日后的利用者才会从这一活动过程与自己查考的事物的关系的角度，需要利用这种档案。也就是说，从各种角度、方面对档案的利用要求，实际上是档案所反映的活动过程本身所诱发的，是由这种活动本身的存在而派生出来的。因此，档案分类只能依据形成档案的活动过程本身所具有的运动规律和科学程序来进行，即应以保持文件中与这种过程、规律或程序相吻合的本质有机联系为原则。

　　此处需要注意的是，档案之间的有机联系并不是绝对的，而是相对的。在同样类型的活动过程中，事物之间的各种矛盾和联系也是多种多样的。哪种主要，哪种次要，这是随客观条件的变化而变化的，对待文件间的有机联系必须具体问题具体分析，绝不能强求一律，机械地认为保持某种联系最重要，因而僵硬地坚持非采用某种分类方法不可。相反，从实际出发，变换我们的方法，力求保持文件间最紧密的联系，才是唯一正确的做法。

（二）充分利用原有的整理基础

　　档案是历史的产物，在入藏以前，有的可能存有文件作者或经办人员保管、利用它们的痕迹，有的则可能经过历代档案工作人员的整理。因而在档案整理过程中注意发现上述痕迹并加以利用，即充分利用原基础，也是科学组织档案分类工作的原则之一。

　　档案中存在的经初步保管、整理的状况或成果，在某些情况下，可能会具有一定的合理成分。如文书处理人员为便于承办和利用，常把同一事件的请示与批复放在一起，造成了档案文件间一种自然的排列次序；而过去的档案人员整理文件时，更是出于当时的某种需要或考虑，把具有某种共同特征（问题、作者、时间或形式等）的文件组合在一起。正因如此，应该从实际出发，充分认识并利用原有的基础，以确定档案整理的任务与方式，不轻易打乱重整。即，在整理档案之前，应对档案的现状作调查研究。

　　首先，如果发现档案已经过初步整理，原基础较好，一般就不必打乱重整。按现时的标准衡量，这种原有的基础可能在保持有机联系的问题上有这样那样的缺陷，但是整序档案作为实体控制的手段，其目标无非是要使档案按一定的规则或规律排列起来，确定其存放的位置，以便于检索。只要这些档案尚有规可循，有目可查，一般就应尽量保持其原有的整理体系。

其次，即使原基础很不理想，根本未经整理或必须重整，也应仔细研究存在于档案中的每一丝线索，不轻易打乱文件产生处理过程中形成的自然顺序，或破坏前人的整理成果。即，要注意吸取原基础中的合理成分，即使对某些极简单的保存与清理工作的痕迹，也应注意分析是否有参考价值。只有在全面掌握原基础情况以后，才能拟订确实可行的计划，动手整理或仅做局部调整。

（三）便于保管和利用

整理档案时，应充分利用档案原有的基础，积极保持档案之间的有机联系，但在具体的整理实践中，有些文件之间联系的保持又容易与档案保管的便利性产生冲突。例如，某次会议产生的文件，有纸质的，也有视频的、音频的，还有可公开的或必须保密的，如果单纯强调文件之间的有机联系，将它们混合起来进行整理，很显然会对保管的便利性产生不利影响。因此，在整理档案时，如果档案之间的有机联系与档案保管的便利性产生冲突时，不能只重视文件联系，还要充分考虑档案保管与利用的便利性。对于不同种类、不同载体、不同机密程度、不同保管价值的档案应根据具体情况具体处理，恰当组合，以便在一定范围内保持档案的最优化联系。

需要注意的是，档案整理必须便于保管和利用，并非是通过它就能完全满足从多角度检索档案文件的一切需求。便于保管和利用既是档案整理的出发点，更是整个档案管理工作的出发点。不能要求在实体控制阶段就"毕其功于一役"，解决应由整个档案管理各阶段共同解决的问题。应该认识到，档案整理工作的任务只能是按一种规则排列档案实体使之形成有序结构，从而为档案的更好保管和进一步利用提供必要的基础。至于使档案信息能从多角度检索，满足一切查寻要求，那是智能控制的任务，不能强求由档案的实体整理去完成。否则就只能今天按这种方法整理，明天又按那种方法排序，反而使档案实体易于损毁，不便利用。

四、现代档案管理工作组织体系

（一）档案室

档案室是机关、团体、企业、事业单位中负责管理本单位档案的机构，是国家档案事业系统的基层组织。它是一个单位档案信息存储、加工和传输的服务部门，与本单位的领导和各组织机构发生联系，为领导决策、处理工作、组织生产、进行科研等活动提供依据和参考材料。档案室是集中统一管理本单位档案的部门，是单位内部具有信息服务与咨询性质的机构，一般情况下不对外开放。目前一般的大、中型单位内部都设有档案室，而规模小、人员少、内部机构少或无内部机构的单位，则可以指定专职或兼职的人员负责档案管理工作。

1. 档案室的职能

根据国家档案局制定的《机关档案工作条例》和《机关档案工作业务建设规范》的规定，档案室的职能主要有以下几个方面。

（1）对本单位文书部门或业务部门文件材料的归档工作进行指导和监督；

（2）负责管理本单位的全部档案，积极提供利用，为单位各项工作服务；

（3）按规定向档案馆移交应进馆的档案；

（4）办理领导交办的其他有关的档案业务工作。

2. 档案室的类型

单位的性质、职能不同，其形成的档案的门类也有一定的差异。档案室有如下类型。

（1）文书档案室

文书档案室也称为机关档案室，主要负责保管本单位党、政、工、团等组织的档案，中型以上的单位均设有此类档案室。

（2）科技档案室

科技档案室是负责保管科研、设计、生产过程中形成的科技文件材料的档案机构，一般设在科研院所、设计院所、工矿企业等单位。

（3）音像档案室

音像档案室主要负责保管影片、照片、录音带和录像带等特殊载体和记录方式的档案，新闻、广播、电视、电影、摄影部门中设有此类档案室。

（4）人事档案室

人事档案室是集中保管单位员工档案的机构，一些大型单位在人事部门中设有此类档案室。

（5）综合档案室

综合档案室是集中统一保管本单位各门类档案的机构。近年来，各单位新型门类档案的数量不断增加，使档案室收藏的档案向多门类发展，许多保存单一档案门类的档案室逐渐发展成综合档案室。

（6）联合档案室（档案管理中心）

联合档案室（档案管理中心）是一些性质相同或相近、规模较小的单位共同设立的档案管理机构，其主要职责是集中统一保管各共建单位形成的档案。联合档案室是一种精简的、集约化的档案管理模式，比较适于规模较小的单位。

3.档案室的体制

（1）文书档案室、综合档案室通常设在单位办公厅（室）的下面，由办公厅（室）主任负责；联合档案室可以由共建单位协商，责成其中的某一个单位负责管理；

（2）科技档案室及其他专门档案室设在相关的业务部门下面，由业务负责人管理。比如，在一些公司，科技档案室设在技术部门下面，由总工程师负责，而人事档案室一般由人事部门的领导负责。

（二）档案馆

档案馆是党和国家设置的科学文化事业机构，是永久保管档案的基地和对外提供档案服务的单位，是社会各方面利用档案的中心。目前，我们国家各类档案馆的档案主要来源于单位的档案室，这样，档案室和档案馆之间就构成了交接档案的业务关系。由此，单位档案管理的质量将直接影响到档案馆的工作质量和效率。

1.档案馆的职能

根据国家档案局制定的《档案馆工作通则》，档案馆的基本任务是，在维护党和国家历史真实面貌的前提下，集中统一地管理党和国家的档案及有关资料，维护档案的完整与安全，积极提供利用，为社会主义现代化建设服务。其具体职能如下。

（1）接收与征集档案；

（2）科学地管理档案；

（3）开展档案的利用工作；

（4）编辑出版档案史料；

（5）参与编修史、志的工作。

2. 档案馆的设置和类型

（1）综合性档案馆

综合性档案馆是国家按照历史时期或行政区划设立的、保管多种门类档案的档案馆。综合性档案馆是对社会开放的档案文化设施，因此又可称为"公共档案馆"。

我们国家的综合性档案馆分为中央级档案馆和地方级档案馆两种类型。中央级档案馆包括中央档案馆（设在北京）、中国第一历史档案馆（设在北京）、中国第二历史档案馆（设在南京），它们保管着具有全国意义的各个时期的历史档案和现行单位的档案。地方级档案馆分为省（自治区、直辖市）级档案馆、地区级档案馆和县级档案馆，它们负责保管具有本地区意义的历史档案和现行单位的档案。

（2）专门档案馆

专门档案馆是收集和管理某一专门领域或某种特殊载体形态档案的档案馆，分为中央级和地方级两个层次。例如，中国照片档案馆，大、中城市设置的城市建设档案馆等。

（3）部门档案馆

部门档案馆是中央和地方某些专业主管部门所属的、收集管理本部门档案的事业机构。例如，外交部档案馆、北京市科学技术委员会档案馆等。

（4）企事业单位档案馆

企事业单位档案馆是一些大型企业集团或事业单位内部设立的档案馆，主要负责集中保管集团或联合体所属各单位需要长远保存的档案。例如，北京的首都钢铁公司档案馆、南京的扬子石化公司档案馆、上海交通大学档案馆等。企事业单位档案馆都是综合性档案馆，既收藏文书档案，也收藏科技档案和专门档案等，兼有对内服务和对社会开放的双重性质。

此外，近几年来，随着我国经济和社会的发展，以及社会各界对收藏、保管和利用档案需求的增加，我国除了国家的档案馆之外，还产生了一些新型的档案机构，如"文件中心""档案寄存中心""档案事务所"等。

其中，文件中心是为一个地区或系统中若干单位提供归档后档案保管服务的部门，它是介于文件形成部门和地方档案馆之间的过渡性的档案管理机构。档案寄存中心是由国家档案馆设立的，为各类单位及个人提供档案寄存有偿服务的机构。档案事务所则是为单位或个人提供档案整理、管理咨询等服务的一种商业性机构。

（三）档案局（处、科）

档案局（处、科）的性质是国家指导和管理档案工作的行政机关，也称为档案事业管理机关或档案行政管理机关。它的主要任务是：制定档案管理的规章、办法、业务标准和规范；制订档案工作的发展规划；对档案室和档案馆的工作进行业务指导、监督和检查；组织档案工作人员的业务培训和档案科学研究，以及对外宣传工作和国际交流活动等。

目前，我国的档案局是按行政区划分级设置的，分为国家档案局和地方档案局。地方档案局又分为省（自治区、直辖市）级档案局、地区级档案局和县级档案局，负责指导和管理本地区的档案事务。

档案处（科）是设置在专业主管机关中的档案行政管理部门，负责指导、监督和检查本专业系统内各单位的档案事务。

五、现代档案管理工作的内容认知

档案管理主要包括两个方面的内容：一是对档案资源的管理，也称档案实体管理；二是对档案中所包含的信息的管理，称为档案信息组织。档案实体管理包括档案的收集、整理、鉴定、保管等内容，通过档案资源建设来建立科学合理的馆藏体系，为档案的现代化管理打下基础。档案信息组织方法有分类法、主题法、索引法、文摘法、综述法等，是对档案中包含的信息内容进行揭示、加工和存贮，形成二次文献，便于档案信息的开发利用。下面就档案实体管理的内容进行分析。

（一）档案的收集与整理

按照档案形成的规律，把分散的材料接收、征集、集中起来，并对收集来的档案分门别类、组成有序体系是档案管理中的一项基础工作，即档案的收集与整理。通过这两项工作，档案管理人员可以把分散在各机关、部门、个人手中和散失在社会上的档案，集中到机关档案室和国家档案馆进行科学管理，从而建立档案实体的管理秩序，为档案鉴定、保管、检索、利用、编研等工作奠定基础。

1. 档案收集

档案收集是接收、征集档案和有关文献的活动。具体讲，就是按照党和国家的规定，通过例行的接收制度和专门的征集办法，将分散在各机关、组织、个人手中和散存在社会其他地方的档案，有组织有计划地分别集中到各有关机关档案室和各级各类档案馆，实现档案的统一领导和分级管理。档案收集工作的内容主要包括以下三个方面。

（1）机关、企业、事业单位档案室对本单位需要归档档案的接收；

（2）档案馆对所辖区域内现行机关、企业、事业单位和撤销单位的具有永久、长期保存价值档案的接收；

（3）对中华人民共和国建立以前各个历史时期形成档案的接收和征集。

在这里需要注意的是，档案收集工作并非是一项简单的事务性工作，而是一项会受国家政策影响，并且具有很强业务性特征的工作。这主要体现在两个方面：一方面，档案室和档案馆在收集档案时需要根据国家政策规定以及档案的特性进行选择；另一方面，档案收集工作受档案形成者的档案意识水平、价值观以及档案馆（室）保管条件等多种因素的制约，需要综合研究、统筹规划，提高档案收集工作的质量。

2. 档案整理

档案整理首先从区分全宗开始，这不仅因为档案信息的有机关联性首先是在全宗这一层次上体现出来的，而且因为全宗是档案馆对档案进行日常科学管理的基本单位。衡量文件的价值以决定是否选择它们进入档案馆的工作，是以全宗为基础进行的。为档案编目，保管、交接档案，也都要按全宗进行。全宗在馆藏建设和对档案实体施行控制的过程中有举足轻重的地位。

全宗是一个国家机构、社会组织或个人在社会活动中形成的具有有机联系的档案整体。一个全宗，反映了一个单位或个人活动的全过程。同时，全宗也是档案馆（室）对档案进行科学管理的基本单位。

联系密切的若干全宗的群体，称为全宗群。在我国，全宗的组织常常通过组建"全宗群"来体现和维系全宗之间的联系。各个立档单位的工作活动不是孤立的，而是互有联系的，因此一定的全宗之间也就有了必然的历史联系，这种具有时间、地区、性质等共同特征的，有密切联系的若干全宗的组合体，称之为"全宗群"。具体说，全宗群是指同一时期或地区，在纵向或横向方面具有相同性质的立档单位形成的若干个全宗构成的一个有机群体。组织全宗群的目的在于维护同一类型或专业系统的若干全宗的不可分散性和保持文件材料在更大范围内的历史联系，便于管理和开发利用。

为了便于保管和利用，应该把互有联系的全宗组织到一起，维护一定类型全宗的不可分散性。全宗群首先按照档案形成的不同时期分为几大部分，如新中国成立前的档案（革命历史档案、旧政权档案）和新中国成立后现行机关的档案，然后每一部分再按立档单位的类型和特点，对全宗进行细分。例如，按照立档单位的性质，把档案分成工业交通系统，农林水利系统，财政、金融、商业贸易系统，科学文化、教育、卫生系统等；或者按区域分类，分别组成全宗群。全宗群分类一般应和档案的分库保管相一致，一个或几个性质相近的全宗群应当集中保存在相同的档案库房内。

全宗群不是具体对档案进行整理和统计的固定的实体单位，而是在档案管理中起指导和组织作用的一种形式和方法。

（二）档案的鉴定与保管

1. 档案鉴定

档案鉴定工作包括档案的价值鉴定和档案的真伪鉴定，而目前档案界所称的档案鉴定主要是指档案的价值鉴定，即各档案机构按照一定的原则、标准和方法来鉴别和判定档案的价值，确定档案的保管期限，并据此销毁失去保存价值的档案的工作。

所谓档案的价值鉴定工作，就是档案馆（室）按照一定的原则、标准和方法，甄别和判定档案的真伪和价值，确定档案的保管期限，剔除失去保存价值的档案并销毁，使保存的档案达到精练的程度。简单地说，就是甄别档案的真伪和判定档案的价值，决定档案存毁的工作。它是档案工作的业务内容之一，是档案馆（室）的一项专门业务。

档案的价值鉴定工作，是以历史唯物主义的观点，从整个社会当前和长远利用档案的需要出发，根据统一的鉴定原则和标准，来判定档案在政治、经济、科学、文化等方面的历史和现实价值，确定不同的保管期限，把需要长远保存的档案妥善保存起来，拣出不需要保存和保管期已满的档案予以销毁。

从这个意义上讲，档案的价值鉴定工作就是"去粗取精"、是决定档案存毁的工作。鉴定工作的主要目的，在于正确地确定需要保存的档案，保护有价值的档案，提高保存档案的质量，有利于保管和充分发挥档案的作用。

从整体上讲，档案是党和国家活动的原始记录，是宝贵的文化财富。但是具体到每一份文件、每一个案卷，它们所具备的功能和作用则是存在一定差异的。有些文件可能过去时具有保存价值的，但是现在已经失去了保存价值。因此，在这种情况下，如果将全部的档案都保存下来，是不利于对档案进行科学化管理的。

此外，随着社会的发展，档案的数量与日俱增，一个中等机关每年可以形成几百卷，一个大机关每年可以形成上千卷档案材料。日积月累下去，如果全部都保存下来，将会给安全保管和提供利用带来许多难以克服的困难。从这里可以看出，档案这一事物本身始终存在着精练与庞杂、有用与无用的矛盾。通过档案价值鉴定工作的确定存毁的办法解决档案有用和无用的矛盾，促使由庞杂向精练转化，以利于档案工作的开展。

2. 档案保管

档案保管工作是指在档案入库后所进行的存放、日常维护和安全防护等管理工作。开展档案保管工作，目的是维护档案的完整，并尽可能保护档案不受损害。

在档案管理中，开展档案保管工作有着十分重要的意义，具体表现在两个方面。一方面，档案保管工作有助于对真实的历史进行反映。档案中所记录的是真实的历史，只有将这些档案原件保管好，使其内容永久保存，才能够真实反映历史的原貌，也方便党和国家在未来开展工作时，有效利用这些档案。另一方面，档案的寿命与档案保管工作具有密切的关系，当保管工作适宜且得当时，档案的寿命会相对延长，反之则会缩短档案的寿命。因此，必须有效开展档案保管工作。

基于档案保管工作的任务，档案保管工作要包括以下几方面的内容。

（1）正确认识和全面把握档案的安全现状和破坏档案的各种因素

档案的安全现状和破坏档案的各种因素直接影响着档案保管工作的内容。首先，正确认识档案的安全现状包括了解馆（室）藏档案进馆（室）前后的保管措施、保管过程、有无损坏、损坏程度如何等，便于确定今后的工作目标和工作内容；其次，破坏档案的因素多种多样，表现形式不一，且对档案损坏的过程和损坏程度不同，只有全面把握威胁档案安全的各种因素的特点、表现形式，保管工作才能有的放矢，有针对性地将各种因素对档案的破坏降至最小。

可见，正确认识和全面把握档案的安全现状和破坏档案的各种因素，是对工作对象和工作先天影响因素的深入剖析，回答了"管什么""为什么管"的问题，是档案保管工作有效开展的前提。

（2）提供档案保管的基本物质条件

档案安全、妥善的保管，离不开基本的物质条件。基本物质条件的好坏，直接影响着档案的寿命。良好的物质条件保证，有利于档案的长久保存；反之，恶劣的物质条件，则直接危害着档案的安全。

确保档案妥善保管的基本物质条件包括档案库房、档案装具、档案保管的设备、档案包装材料等，这些条件要满足有利于档案长久保存的原则、规范和标准。不同载体的档案，如纸质档案、胶片档案、磁性载体档案、光盘档案、电子文件等材料和形成原理不同，影响其耐久性的因素不同。因此，在保管中档案库房、装具、设备等基本保管条件也存在较大的差异，尤其对于电子文件，如何在保管中确保其长期可读、可用，已成为档案保管工作的新内容。

（3）制定和完善档案保管的各项制度和标准

制定关于档案保管工作的制度，有利于档案工作者和档案利用者规范自己的行为，明确在档案保管和利用过程中应该做什么、如何做、有何责任和义务，避免人为原因造成的对档案的损害，最大限度地保护档案。

档案保管工作标准有利于工作的规范化，有助于降低工作成本，减少工作中因人而异产生的对档案保管的变化，有利于为档案保管创造最佳的条件和环境。在档案保管工作中，从国家层面到地方各级各类档案馆（室），应形成完整的档案保管工作制度和标准体系，以实现档案保管工作的标准化和规范化，维护档案的完整与安全。

（4）做好日常的档案保管工作

日常档案保管工作从内容上看，包括防盗、防水、防火、防潮、防尘、防鼠、防虫、防高温、防强光、防泄密等；从工作地点来看，包括档案库房中的保管和档案库房外的保管，在库房外的保管又可分为在流通传递中的保管和在利用中的保管。在库房中的保管，主要由档案工作人员来完成，而在库房外的保管，则需要档案工作人员和档案利用者共同来实现，因此，使利用者同样以"爱惜"的态度，科学合理地利用档案也是日常档案保管工作的重要内容。日常档案保管工作繁杂琐碎，但又是档案保管的基础性工作，因此，需要档案工作人员精益求精、细心、耐心地来实现。

（5）开展有针对性的档案保护工作

采用专门的技术和方法对受损程度较大、有重要价值的或急需修复的档案进行保护，延长档案的寿命，这是档案保管工作的一项重要内容。

对档案产生破坏的种种因素中，虽然有些因素是难以控制的，但我们可以采取相应的保护措施，利用先进的技术，将损失降到最低。比如，纸质档案修裱技术能帮助有一定程度破损的档案恢复原貌，已成为抢救档案的一项不可缺少的且具有中国特色的专门技术。这些专门的保护措施专业性和技术性较强，且细微细致，需要专门的人才以及大量的财力、物力的保障，但它在延长档案寿命、保护人类文化历史遗产等方面发挥着重要的作用。因此，每个档案馆（室）在做好日常保管工作的同时，应根据馆藏状况，将有针对性地开展档案保护工作纳入档案保管工作的整体规划中。

第二章　信息时代下档案管理工作现状

档案信息化管理是时代发展的必然结果，档案管理人员必须清晰地认识到这一点，也要正视目前档案管理工作中所存在的问题，大力推动管理体系重塑，完善管理方式方法，使管理体系向信息化方向发展。本章内容为信息时代下档案管理工作现状，主要围绕信息时代下档案工作的基本概述、信息时代下档案管理工作中的机遇、信息时代下档案管理工作面临的挑战、信息时代下档案管理工作的转型与升级展开论述。

第一节　信息时代下档案工作的基本概述

档案是社会发展的重要参考资料之一，档案工作在各单位工作中占据着重要地位，关系到单位的发展和运行。任何企事业单位包括政府部门在正常工作中都会产生各种各样的文件资料，其中一些具有重要考查价值的材料需要进行整理保存，以便后续所需。档案工作的核心是将各类资料信息进行收集、整理、保管、分类、统计、检索、利用。以人工为主是多年来一直采取的档案工作方式，随着技术的创新和信息化时代的快速发展，档案管理工作也将发生重要变革。

一、档案信息资源的组织与整合工作

信息资源是指人类社会信息活动中积累起来的以信息为核心的各类信息活动要素（信息技术、设备、设施、信息生产者等）的集合。它广泛存在于经济、社会的各个领域和部门，是各种事物形态、内在规律和其他事物联系等条件、关系的反映。随着社会的不断发展，信息资源对国家和民族的发展，对人们工作、生

活至关重要，成为国民经济和社会发展的重要战略资源。它的开发和利用是整个信息化体系的核心内容。

档案信息资源是信息资源的一个组成部分，从宏观角度来说，可以将档案信息资源理解为一切社会活动中所产生并收集的以档案信息为主的一切信息资源活动要素的总称。从微观角度来说，档案资源信息是针对档案信息自身通过一定的加工处理方法并进行丰富储备的一切有效信息的集合。

（一）档案信息资源的组织

遵从一定的原则和标准将杂档案信息资源进行分类、整理，使原本杂乱无章的档案信息资源变得条理性、系统性，这个过程可以概括为档案信息资源的组织。档案信息资源的组织需要以信息科学为基础，以计算机技术和人工智能为主要技术手段，最终形成一套适用性强、效率高效的组织方式。对档案信息资源进行细化、组织，可以通过多途径、多手段的检索形式实现对档案信息资源的深度开发和利用。网络档案信息资源组织方式就是对其深度开发和利用的具体表现之一，具体包含以下 6 种方式：

（1）主页方式

这种组织方式可以理解为一种近似档案全宗的组织方式。具体来说，将与某个机构或个人或某一事件相关的各类信息集中组织在一起并对其进行全面的概括，其介绍内容的显示方式和详尽程度由建立主页的机构或个人进行决定。

（2）文件方式

文件是信息的集合，对于计算机而言是其保存处理结果的最基本单位。这种组织方式更为便捷，可以在一定程度上减少成本并降低难度。但随着信息量的增多以及信息结构复杂化程度的增加，这种组织方式在控制和管理方面的效率将大幅度降低。

（3）数据库方式

这种组织方式是将网络信息资源按照既定的记录格式存储于数据库中，进行统一管理。数据库技术可以实现对大量规范化数据的高效管理。与文件方式相比，字段是数据库的最小存取单位，可以根据用户的具体需求，灵活组合查询结果集，从而减少网络数据传输负载。

（4）自由文本方式

这种组织方式无需使用规范化的语言将档案信息进行复杂的处理，而是由计算机自动进行组织和处理，深入解释档案信息的知识单元，其检索点设置相对灵活化、具体化，无需前控，能够完整反应档案信息的全貌，适用于档案全文信息库的组织。

（5）超媒体方式

这种组织方式可以实现对文字、图片、影像、声音等各种形式媒体信息的组织，是超文本与多媒体技术有机融合的一种非线性组织方式。超媒体方式是通过节点的链接作用使网络档案信息资源呈现立体空间结构，节点跳动的灵活性更高，用户可以从任一节点，根据信息之间的链接，实现对所检索信息的多角度浏览。

（6）主题树方式

相对于其他组织方式来说，这种组织方式层次性和系统性更强，它是将已收集到的信息资源按照一定的体系结构进行分类、排列并逐层加以组织。这种组织方式可以实现用户对信息的逐层选择，在结构上更加清晰，便捷性也更强。

（二）档案信息资源的整合

信息资源整合可以从宏观和微观两个角度进行定义，从宏观上来讲，是将原本相对分散、杂乱无章的资源集中在一起，通过信息收集、组织、分类等方式使其有序化，便于用户查阅。从微观角度理解，是将与某一单位、个人或事件相关的各类信息按照一定的逻辑思维或物理方式进行加工并组织在一起，其针对性强，便于对某一具体对象进行管理、查阅和服务。

根据上述内容，可以从两方面来理解档案信息资源的整合，一是针对具体对象，将所有与其相关的信息资源进行集中分类管理，实现对某一具体对象信息的集中呈现；二是根据一定的需要，对各个相对独立的已经实现了一定程度的有序化的档案信息进行融合、类聚和重组，重新建立更具功能性和高效性的档案信息资源体系的过程。

档案信息资源的整合并非简单意义上的资料收集分类，而是对其进行合理配置和科学管理的过程，不再将信息技术作为单一手段，而是通过技术、经济、人文等方式实现对信息资源的全面统筹规划，层次性、逻辑性、集中性、可控性、实效性等特征更加鲜明。所以，不能将档案信息资源整合问题简单看成是技术层面的问题，而应是一个综合治理的问题。

二、档案信息资源的开发与利用工作

（一）档案信息资源开发的工作原则

1. 资源为王原则

2021 年 1 月 1 日实施的《中华人民共和国档案法》第十条规定"中央和县级以上地方各级各类档案馆，是集中管理档案的文化事业机构，负责收集、整理、保管和提供利用各自分管范围内的档案"，档案馆是永久保管档案史料的基地，是通过提供档案为社会服务的中心。档案馆（室）因自身的特殊性质决定了档案信息资源开发必须以档案资料为根本，结合各馆的人文、社会、环境等因素，彰显馆（室）藏特色，做好开发工作。只有各级、各类档案馆（室）从本身的实际出发，大力丰富馆（室）藏，最大限度地发挥馆（室）藏优势，坚持馆（室）藏基础原则，才能够深度挖掘档案信息资源并加以开发利用，促进档案事业的蓬勃发展。实践结果表明，唯有依托丰富的档案资源，才能切实提高档案信息资源的开发水平。

2. 信息组织原则

档案信息资源开发的基本前提和基础是要将收集到的信息资源从无序变得有序。可以将其理解为目录、索引、数据库的检索系统的建立过程，通过为用户创建信息查找的入口点，并将入口点进行集中，实现档案信息资源与用户之间的链接。因为有用的档案信息蕴藏于数以亿计的档案案卷（件）之中，这些原始的集中性、有序性和系统性较差的档案信息经过信息采集和一定的处理方式，变得集中、系统，便于用户查询。档案信息资源开发利用需要投入大量人力、物力，采用各种处理手段和工作方法，都是为了提高档案信息被利用的程度和实现档案价值的程度。对于广大利用者，若能在利用档案信息时具备有序化的查寻思维，大体了解档案馆（室）对档案信息有序化的整体框架，在一定程度上可以提高档案信息的利用率。

3. 信息激活原则

信息激活是档案信息资源开发的最基本和最高的目标性原则。对于档案工作部门来说，为了能够及时、有效地为档案利用者提供所需要的信息，需要不断探索档案信息的开发层次，并进行不同程度的加工，深度挖掘其中所隐藏的深层信息并将信息及时反馈给档案利用者，只有这样才能最大程度实现档案的价值属性。对档案利用者来讲，可以通过对所获取信息的消化、吸收和利用，并在此基础上形成新的知识架构来反映信息激活程度。激活档案信息的方法主要有以下 3 种。

（1）信息的分解和析出

除对档案文件和案卷（保管单位）进行著录、标引外，还要尽可能将不同的信息单元和数据进行分解并洗出，最大程度将档案信息中所隐含的信息提取并显示出来为利用者所用，体现出档案的价值属性。

（2）信息的浓缩和提炼

采用一定的信息筛选、分析和处理方式，将原本杂乱无章的档案信息变得有序化，为利用者提供经过加工并精炼成新的档案信息，如摘要、概述、专题汇编、述评、综述等，为利用者提供系统化、专题化的档案信息。

（3）知识的综合归纳

在对某一专题的档案信息进行收集、整理、分析研究的基础上，从宏观上把握档案信息所呈现出的客观规律，并从微观角度进行分析，以事物本质为核心，通过逻辑推导、归纳总结，最终以成果的形式将信息反馈给利用者，可以大幅度降低信息查询的时间成本，其所体现出的价值是分散在档案中的信息价值的总和所无法比较的。

4. 有效利用原则

档案信息资源和信息资源利用者是相辅相成的，在信息资源开发过程中需要更多的利用者并以其需求为核心，反之，利用者能够方便快捷地获取所需信息才能不断提高对档案信息的利用率。实现这一目标的途径有：第一，扩大档案信息对不同利用者的适应性。信息资源利用者来自社会的各行业，其知识结构、专业水平、综合素质、社会职业分工和兴趣爱好的差异，对信息资源的需求也各有不同。所以，在档案信息资源开发时要尽可能从不同层次、不同维度对档案信息进行全面总结，以满足不同信息利用者对档案信息的需求，提供档案信息的利用率；第二，充分发挥检索和信息传输系统的作用，尽可能缩短档案信息的查找和传递时间，使利用者简便、迅速、准确地获得更多的档案信息，在减少信息利用成本的同时，将档案信息的社会效益和经济效益发挥到极致；第三，引导与帮助利用者在有限的时间内增加对不同档案信息的利用。档案工作应通过多种途径和方法，使馆（室）藏有用档案信息更加集中和有序，优化咨询服务，及时向利用者提出建议，以避免在查寻档案信息中走弯路和对有效信息的疏忽与遗漏，实现信息检索的高效性，强化档案信息利用质量，提高档案信息利用效益。

5. 整体效益原则

市场经济时代，任何事物的发展都需要考虑成本和效益，也就是成本投入和产出的关系问题，档案信息资源开发也是如此，资源的开发是为了利用，进而创造经济效益并实现一定的社会效益。只有产出大于投入时，投入才是有效的，这就要求有务实态度，以与现在经济基础相适应的方式来进行档案信息资源开发的投入，切忌好高骛远，片面追求硬件设备的高、精、新、尖，造成得不偿失的后果，信息资源的开发需要以经济规律为基础，思考如何科学、有效、合理地在降低成本投入的同时实现效益最大化。效益原则的内容是多方面的：从范围上看，有局部效益和整体效益；从时间上看，有现实效益和长远效益；从价值上看，有社会效益和经济效益。开发档案信息资源时，要有轻重缓急之分，局部服从整体，优先考虑急需者和发挥效益较大者，既要强调现实效益的发挥，又要采取积极有效的措施，保护档案原件，以便于今后的利用，发挥其长远效益。既应重视社会效益，又不能忽视经济效益，社会效益中隐含着经济效益，经济效益中融入社会效益，二者相辅相成。因此，档案信息资源开发应力求做到现实效益与长远效益相统一、局部效益与整体效益相协调、社会效益与经济效益并重。

（二）档案信息资源开发的价值

1. 是实现档案自身价值的根本途径

档案涉及一个国家、社会和个人生活工作的方方面面，具备一定的政治属性、经济属性、文化属性、科学属性，其内容丰富、形式多样、数量庞大、种类众多，是一个国家最宝贵的资源之一。除了一般信息的共性之外，档案信息还具有以下3 种属性：一是分散性，档案是人们在社会实践中，按工作、生产、生活的时间顺序自然形成的，有用信息分散于数以亿计的案卷（件）中，档案形成者形成档案的目的与利用者利用档案信息的目的是不一致的；二是档案信息的历史性，档案无声，历史有痕，档案是历史的见证者，其所记录的内容和反映出的信息在时间上与现实之间存在一定的差异性，正是这种历史与现实之间的时间距离，赋予档案以回溯性；三是原始性，它是用数字、文字、图形、声像对某一活动所做的最初、最直接的记载，具有凭证和情报价值。这些特性决定了档案信息资源的开发，并不是简单地将库房变成阅览室就行了，而是需要采用一定的信息筛选、分析和处理方式对原本杂乱无章的档案信息进行分解、析出、浓缩、提炼、综合归纳，使其成为有序、高效的可利用的信息。所以，只有赋予档案信息资源以产品化属性，才能实现生产力的新生、知识的新建，最大程度发挥经济效益和社会效益，不断提高档案信息资源的价值。

2. 是发展档案事业的需要

长期实践证明，只有对档案信息资源不断地进行深入探索、挖掘和利用，将静态的文字资料变成动态的可利用信息，赋予档案信息资源以产品属性，才能将档案信息资源的物质化形态转化为动态的生产力；才能实现档案的参考性和可研究性；才能强化人们对档案重要性的意识，为档案工作的发展提供良好的社会氛围；才能协调并妥善解决档案工作中存在的问题；才能满足不同背景、不同需求的利用者对档案信息资源的诉求，使其进一步促进社会生产力发展。所以，对档案信息资源的开发和利用是档案事业的根本，是档案事业发展的催化剂。

3. 更好地为社会精神文明和物质文明建设服务

档案信息资源开发应有利于社会主义精神文明建设。通过对调档案信息资源的开发，提高对公民在爱国主义、集体主义和社会主义方面的教育，帮助人们形成正确的思想价值体系，加强思想道德建设，树立民族自豪感和自信心。中华上下五千年，历史悠久、源远流长，无论是机关性质的档案馆（室）还是社会组织的档案馆（室），都储存了大量的档案资料，这些资料真实地记录了我国民族、地区和社会的发展历程，记录了中华人民共和国社会主义建设的伟大成就，是进行爱国主义、集体主义、社会主义教育的生动素材。各省、市等政府部门在制定当地精神文件方针政策时，都会将各地档案馆（室）作为人民群众精神文明建设的教育基地，尤其是对青少年的爱国主义教育。档案信息资源开发对社会主义精神文明建设的发展具有深远的意义和价值。

（三）档案信息资源利用工作的地位

所谓档案信息资源利用工作就是将所存储的信息通过不同的途径或方式反馈给利用者供其使用，档案工作以这种形式实现自身对社会和公众的服务，体现自身价值，档案信息资源利用是整个档案工作中最重要的一环。

对于档案工作人员来说，档案工作的出发点和落脚点是可以更好地为公众服务，为社会各行各业的发展服务，最大程度地发挥档案的历史性、社会性、可参考性、可研究性等作用。从这个角度上看，档案信息资源利用工作是实现档案工作出发点和落脚点的主要途径，这也再次印证了档案信息资源利用是整个档案工作中最重要的一环。

档案信息资源利用工作直接反映了档案工作对社会主义事业发展的价值。概括来讲就是通过不同的方式，直接为公众和社会各行各业提供其所需的信息，也就是说档案信息资源可以为社会各界所用，并能够满足不同行业的诉求，这就直接反映出了档案工作的服务性和政治性。想要丰富档案工作的价值、明确档案工作的努力方向、最大程度地发挥档案工作的意义，都必须通过档案信息资源利用的方式来实现。这也是为什么在实际的档案工作中，将档案信息资源利用工作做得好坏程度，作为评判档案馆（室）业务开展尺度和推进程度快慢的标准。

档案信息资源利用工作对档案工作具有一定的监督、检验和促进意义。在将档案资源信息提供给利用者时，可以从客观角度发现档案工作中所存在的问题，如所获取的信息的完整性、分类的合理性、结论的准确性、存储的安全性等，通过对这些问题的监督和检查可以对档案工作进行整改和优化。除了档案信息资源本身所涉及的问题之外，利用工作还需要档案工作中的其他业务环节进行配适，比如需要不断丰富馆藏、强化信息获取工作、优化信息检索速率、增加检索方式、提高检索技术手段等，这些问题必将促使相关业务环节开展相应的工作并不断提高业务水平，从整体上提高档案工作的服务质量。

　　档案信息资源利用工作是整个档案工作中最生动的环节。它可以与信息资源利用者发生直接联系，对档案工作来说，是其实现联系群众和服务群众的重要途径。信息资源可以通过利用工作将各类所需信息直接反馈给利用者，满足其不同层面的需求，实现档案工作的自身价值。同时，档案信息资源利用工作是档案工作服务质量的最直接体现，能够直接影响社会各界对档案工作的印象和支持、重视程度。坚决做好档案信息资源利用工作，才能促使档案工作不断开创历史新局面，更好地为社会、为国家提供服务，才能跟上国家的发展速度。

　　虽然档案信息资源利用是整个档案工作中最重要的一环，也促进了其他业务环节工作的发展，但利用工作和其他业务环节工作之间是相辅相成的，档案信息资源利用工作的质量是以其他业务环节工作结果为基础和前提的，只有做好资料的获取、整理、分类、鉴定、浓缩、提炼、总结、检索等工作，才能使利用工作发挥出最大的作用，没有这些工作为基础，档案信息资源利用工作将无从谈起。

（四）档案信息资源的编研开发工作追求

1. 保护档案原件是转变编研开发方式的根本目的

　　档案资料贯穿生活与工作的方方面面，小到餐具的使用历史，大到行业的发展，这些都需要档案资料提供参考信息。而大多数档案资料在查阅室只能通过对档案原件进行翻阅，要从大量的档案资料中获取所需的有效信息需要耗费大量的时间，这个过程不仅增加了时间成本，同时也会对档案资料造成不同程度的损害，尤其是一些极具历史价值和纪念意义的档案资料，一旦损坏，将大大降低其社会效用。为了保护某些档案资料原件，只能减少或避免其被翻阅，这就形成了对档案资料的利用和保护之间的平衡问题，充分实现对档案信息资源的开发和利用就是为了能够有效解决这个问题。将档案信息资源开发成不同的档案文化产品以满足社会各界所需，不仅能够实现对历史档案的保护，还能够将历史档案的传承性、引导性和教育性等特征发挥到最大化。

2. 信息技术的发展是转变编研开发方式的有力保障

　　信息时代背景下，人工智能技术、计算机技术、通信技术等高新技术的飞速发展，促使各行各业向着智能化、数字化、绿色化、网络化方向发展。在这样的时代背景下，档案的编研、开发利用工作将迎来高质量发展。首先，可以借助网络技术和通信技术，实现不同选题之间的连接，除选题自身外将不再考虑时间、空间和地域对选题的约束，提高了信息的层次性、实效性和全面性，更好地实现对社会的服务价值。其次，通过对档案信息进行数字化处理，其对信息检索的高效性优化了传统的编研方式，使编研工作更加生动灵活，大幅度提高了编研工作效率。最后，传统的档案编研成果只能通过纸媒这种单一形式进行呈现，信息时代背景下，可以借助多媒体技术将枯燥的文字和图像等信息进行恰当地融合处理，丰富档案编研成果的表现形式，使其更贴合现代人的生活、工作习惯，满足不同阅读方式的需求，最大程度提高档案编研成果的利用率。

3. 实现档案资源的全面利用是转变编研开发方式的最终目标

档案管理工作以党和国家中心工作、社会需求为导向，将管和用作为立脚点，夯实基础，筑牢根基，提高对档案资源保管的安全性和对档案资源的利用率，快速实现档案管理的标准化和现代化。由此可见，创建网络档案编研平台，进而实现对档案资源的全面利用，将是信息时代档案编研工作的前进方向。所以，将档案馆（室）的档案信息价值发挥到最大化也是档案馆（室）档案编研工作的最终目标。一方面可以借助网络媒体将档案编研成果进行快速、多角度、大范围呈现和传播，提高档案资源对社会的影响力。另一方面，网络资源可以为档案编研工作者和信息利用者提供交流互动的平台，信息利用者能够在此平台上进行意见或建议的反馈，同时编研工作者也能够更加全面地了解社会各界对档案信息的需求，有利于进一步规划对档案资源的编研、开发和利用工作，也可以对已有编研成果进行不断地完善和改进。

第二节　信息时代下档案管理工作中的机遇

一、计算机档案管理技术的发展

任何行业的发展都需要进行调查论证、初步试验、技术攻关、应用、管理等过程，档案工作也不例外，从 20 世纪 70 年代末我国将计算机技术应用于档案工作开始到现在，计算机档案管理同样经历了调查研究、科学论证、反复实验、难点攻克、宣传推行等过程，并实现了网络化管理成功创建了数字档案馆。除管理工作外，计算机技术对信息的处理和辅助档案实体管理工作中也有一定的优势。计算机档案管理已经由单机、局域网环境向联机、广域网环境和数字档案馆的方向发展。

在整个档案管理工作中，计算机技术主要从以下环节发挥优势：

（一）计算机档案著录和自动标引

1. 计算机档案著录

计算机档案著录就是由计算机辅助人工来完成对反映档案资料内外部特证的全部信息，包含文件编号、档案编号、档案名称、负责人、档案分类号、主题词、密级、保管期限、规格的采集和编排，使之有序化的过程。计算机档案著录的一般流程包括：

（1）档案信息的采集。档案信息的采集是指对将要著录的档案收集其手工著录卡片、案卷目录或文件目录、档案原件等相关的原始材料，为档案信息著录做好准备。

（2）档案目录数据库的建立和项目设置。具体包括：建立档案目录数据库、设置档案著录项目、定义项目类型和长度等。目前，很多文档管理软件已经设置好了文书档案数据库著录项目格式，向用户提供其他种类档案（如会计档案等）数据库的建立、著录项目的增、删、改功能。档案部门应按照《档案著录规则》和《中国档案机读目录标准》的要求，并结合本单位档案工作的具体情况设置著录项目、定义项目类型和长度。

（3）数据输入与保存。数据输入是指将手工著录卡片、案卷目录、文件目录、档案原件等按照数据库设置的项目格式输入计算机的过程。

2. 档案自动标引

档案自动标引，是指采用计算机技术自动对档案文件（案卷）的题名、摘要或正文进行扫描和词频统计，直接抽取关键词或对照机内主题词表和分类表将抽取的关键词规范成主题词或分类号的过程。从标引的深度来看，档案自动标引有全文主题标引和题名主题标引；从标引技术的应用来看，包括抽词标引和赋词标引；从选用的标引词来看，包括关键词标引和主题词标引。由于受到汉字输入、存储容量及软件技术的限制，目前档案部门大多采用题名关键词自动标引，有的单位已经开始了全文主题自动标引和全文自动标引系统的研制工作。

（二）计算机档案编目和检索

计算机档案编目是在对档案机读目录进行处理的基础上，利用计算机的检索、排序和打印技术，将计算机内的档案目录信息按照一定的规则体系集合排列，自动编辑和打印各种档案目录的过程。

1. 计算机档案编目的基本功能

自动提供档案标准目录格式的编目，如案卷目录、卷内目录、全引目录、归档文件目录等的编辑和打印；自动提供各种档案自由目录格式的编目，如专题目录、分类目录、科技档案目录、人事档案目录等的编辑和打印。

2. 计算机档案编目的过程

（1）按照用户的需求，在档案目录数据库中检索、收集相关的目录信息，保存在一个临时的数据区域里。

（2）对临时区域里的档案目录信息按用户的要求进行排序处理。既可以按照单一条件排序，也可以按照两个以上的组合条件进行排序，前者如"卷内目录"编目按照"文号"进行排序，后者如"革命历史档案目录"编目就可以按照"时间"和"档号"两个条件组合来排序。

（3）输出不同格式的目录。包括标准格式输出、自动生成格式输出、输出到文件再排版输出等方式。

3. 计算机档案编目的输出版式

档案计算机编目的输出版式主要有簿册式和卡片式两种。簿册式目录又称书本式目录，是以表册的形式，将案卷或文件目录的条目按一定的规则编排，打印在纸上，形成目录簿册。簿册式目录的编辑须遵循档案工作国家标准《文书档案案卷格式》（GB/T9705—1988，2009年修订）和行业标准《归档文件整理规则》（DA/T22—2000）的有关规定。卡片式是将一个案卷或一份文件的目录信息按一定的规则编排，打印在纸上，形成卡片式目录。

4.计算机档案检索

计算机档案检索是指利用计算机及网络和配套设备，根据利用者的要求，制定相应的检索策略，从计算机档案数据库中获得所需档案信息的过程。

计算机档案检索从不同的角度划分，具有不同的类型。例如，按档案数据库的性质，分为目录型、事实与数值型和全文型检索；按计算机处理方式，可分为脱机检索和联机检索；按检索服务的方式，可分为定题检索和追溯检索；按检索语言，可分为受控语言检索和自然语言检索。

（三）计算机辅助立卷

计算机辅助立卷，是指文件的归档立卷参数自动进行立卷。主要步骤有：

（1）设置案卷的有关参数。包括案卷题名、案卷日期、案卷密级、保管期限、案卷主题词（分类号）等；

（2）进行逻辑组卷。一般有两种逻辑组卷方式：自动组卷方式和手工组卷方式。自动组卷时，用户可输入相关组卷条件，如档案类型、时间、保管期限、密级、主题词（分类号）等，由计算机自动将符合条件的文件添加到卷内，还可对自动组卷的结果进行处理，包括移出、添加文件，按某一特征对卷内文件进行排序等。手工组卷是指不通过系统批量组卷，而是利用键盘或鼠标"手工"拖动文件到指定案卷内，从而实现灵活组卷。

（3）案卷编辑。包括编辑案卷题名、生成卷内目录、编制案卷备考表等。

（4）打印输出。根据国家有关案卷格式和规格的规定，打印输出案卷封面、生成案卷目录、编制案卷备考表等。

（5）物理组卷归档。物理组卷归档以逻辑组卷为基础。具体有以下几种情况：完全按照逻辑组卷结果进行物理组卷；借助逻辑组卷简化立卷工作，物理组卷与逻辑组卷结果不完全一致，如一个逻辑卷可以对应多个物理卷，或者几个逻辑卷构成一个物理卷；按照大流水号对归档文件进行排列，不进行物理组卷而实行逻辑组卷，在逻辑组卷的基础上进行档案检索。

（四）文档管理一体化

文档管理一体化既包括文件、档案实体管理的一体化，也包括文件、档案管理体制、组织机构、管理规范等方面的一体化。文档实体管理的一体化是指在文件的生成、流转、归档保存、销毁或永久保管的整个生命过程中实现统一控制和全面管理。

文档管理一体化管理软件的主要功能是：利用计算机技术起草文件、完成文件的收发、运行管理、自动组卷、归档、著录标引、编目（编制案卷目录、卷内文件目录、全引目录）、检索、借阅、统计等，其融合了文件管理和档案管理的主要业务工作，极大地提高了档案工作的效率。文档一体化管理系统一般包括4个子系统，即文件管理子系统、归档子系统、档案管理子系统、系统维护子系统。

（五）档案保管环境的自动控制与档案信息增强、恢复

档案保管环境的自动控制，是指利用计算机技术对档案保管环境的温度、湿度、防火、防盗等进行自动监测和管理。此外，可通过计算机图形处理技术对发生字迹褪色、字迹扩散和污染覆盖的档案进行信息增强和修复性处理。

二、多媒体技术给档案管理工作带来机遇

多媒体技术是指利用计算机对文本、数字、图形、图像、声音等不同媒体的信息进行综合集成管理的技术，即通过计算机将多种媒体信息进行综合，使它们之间建立起逻辑连接，并对它们进行采样量化、编码压缩、编辑修改、存储传输和重建显示等处理。多媒体技术的研究领域非常广阔，涉及计算机硬件、软件、计算机网络、人工智能、数字出版等，其产业涉及电子工业、计算机工业、大众传播和通信业等多项产业。

（一）多媒体技术的特点和内容

多媒体技术主要具备以下4个特点。

1. 多样性

媒体的多样化和媒体处理方式的多样化。

2. 集成性

在数字化处理的基础上，对各种媒体信息的集成管理。

3. 交互性

与传统媒体信息传递的单向性和用户接受的被动性不同，多媒体系统与用户

之间具有良好的交互性。用户通过与系统的交互和沟通，能有效地进行学习和思考，进行系统地信息查询和统计，增进知识和解决问题。

4. 实时性

用户与多媒体信息检索系统之间的交互可以实时进行，能够及时更改查询条件，调整检索策略，提高信息检索的效率。多媒体技术的主要内容有：多媒体数据压缩和图像处理；音频信息处理；多媒体数据库及基于内容的检索；多媒体著作工具，包括多媒体同步、超媒体和超文本等；多媒体通信与分布式多媒体，包括 CSCW（Computer Support Cooperative Work）、会议系统、VOD（Video on Demand）和系统设计等。

（二）与多媒体技术有关的关键技术

1. 数字信息处理技术

包括模拟信号与数字信号的相互转换，文本、数值、图像、音频、视频的编码和解码技术。

2. 数据压缩和编码技术

数据压缩是通过数学运算将原来较大的文件变为较小文件的数字处理技术，它实际上是一种编码，即对数据表达式的一种压缩式编码。数据压缩的基本特征就是把某些表达式中的字符串（如 ASCII）转化成包含相同信息但长度尽量短的一个新串，其目的是减少数据的冗余度，提高数据密度的有效性。图像、视频、音频等媒体信息量巨大，必须通过压缩和编码才能方便传输和存贮，航天遥感技术就是通过对数据进行压缩和编码，将信息传输回地面。与数据压缩和编码相关的国际标准有静态图像压缩标准——JPEG（Joint Photographic Experts Group）标准和动态图像压缩标准——MPEG（Moving Picture Experts Group）标准。

3. 媒体同步技术

媒体同步技术是指协调媒体流的实时演示以及维持媒体间时序关系的技术。同步（Synchronization）一般指多媒体系统中媒体对象间的时间关系，广义上则包括内容、空间和时间关系。时间关系是指媒体对象出现的时序关系，在此，应考虑媒体对象间通过消息传递或状态访问产生进一步动作的"制约关系"，以及多媒体演示过程中"用户交互"对媒体对象活动的影响。

媒体对象包括时间相关的媒体（如音频、视频、动画）和时间无关的媒体（如文本、图形、图像）。媒体对象间的同步由时间相关的媒体对象和时间无关的媒体对象之间的关系组成，如电视中视觉信息和听觉信息间的同步，属于连续媒体间的同步；幻灯演示中画面显示与音频流之间的同步，则属于时间相关的媒体和时间无关的媒体之间的同步。

4. 多媒体数据库技术

传统的数据库管理系统主要适应于格式化和结构化的数据，而文本、图像、语音、动画、视频等都是非结构化的数据，而多媒体数据库管理系统需要解决对非结构化数据的集成管理问题和交互性问题。

5. 多媒体网络技术

多媒体技术与网络技术、多媒体通信技术的结合使多媒体信息服务和应用拥有了广阔的发展前景。多媒体网络技术和服务的主要领域包括多媒体远程会议、超高分辨率图像系统、VOD（视频点播）系统、数字图书馆等。

（三）多媒体技术在档案信息存储与检索中的应用

档案材料中既有大量的纸质文件，还有大量的照片、录音、录像和工程图纸。随着多媒体计算机技术的发展与成熟，计算机档案管理可由对档案目录信息的管理深入到对图、文、声、像等一次档案文献的直接管理，使用户获取生动、直观、全面的多种媒体的档案信息。利用多媒体技术，将本地区、本部门举行的重大活动及召开的重要会议的实况录像、录音等存贮在多媒体数据库中，可随时调用查阅。而且，对于利用者而言，档案由枯燥的文字形式变成了集声频、视频和动画于一体的立体信息，可提高档案的利用率。另外，多媒体档案信息查询可避免利用者在查阅整本案卷时翻阅其他文件的可能性，减少了对档案原件的磨损，并能够起到一定的保密作用。

多媒体档案管理系统的功能主要包括以下几点。

（1）档案全文影像扫描、存储和检索。利用数字扫描技术将档案原文输入到计算机，进行全文检索。

（2）照片档案的数字扫描、存储和检索。采用扫描仪对照片档案进行扫描，形成数字文件保存在硬盘或光盘上，利用多媒体档案管理软件，提供数字照片的浏览检索、打印输出等功能。

（3）录音档案的数字化处理、存储和利用。计算机通过声卡对播放的录音进行采集和压缩处理，存贮在光盘上，实现录音档案的数字化。利用多媒体档案管理软件对声音文件进行管理、检索和利用。

（4）录像档案的数字转换、存储和利用。利用视频采集压缩卡由计算机连续捕获播放的录像档案信息，并转换、压缩成录像数字文件存贮在光盘上。利用多媒体档案管理软件进行管理、检索和利用。

（四）新媒体的应用给档案管理带来发展

传统的档案管理以人工、纸质为主要形式进行，内容相对单一，档案资料的损害率较大，地域限制性较大。与之相比，新媒体环境下的档案管理则将政治、经济、文化、科研、教育、社会等各行各业的档案信息存放在网络的存储空间内，为档案管理提供了大量的信息资料，以"互联网＋"的思维和形式进行档案宣传工作，提高公众对档案的认知。

在档案管理工作尚未引入新媒体技术之前，档案信息资料和服务对象是彼此独立且各成体系的。新媒体技术应用档案管理工作后，除了馆藏的档案信息资料外，还可以将档案管理机构的发展历程、业务资讯等信息呈现给公众，与此同时，还能通过创建留言反馈、在线咨询等方式实现与外界的交流。通过这种方式，档案管理人员能够获取来自各行各业的反馈信息，丰富思想，有利于及时改进或优化档案管理工作的方式方法。除了档案管理工作本身得到发展之外，还能够提升档案管理工作思维，拓展档案管理空间，促使档案管理工作向开放性、社会性的多元化趋势发展。

传统档案管理的另一个劣势是各档案管理机构之间缺少业务交流，相对封闭。新媒体环境下，随着计算机技术的发展与应用，信息资源的开放性增强，各档案管理机构之间的沟通交流频率增加，这些都有利地促进了档案信息化建设。在实现各档案管理机构之间的信息资源共享、促进机构发展的同时，可以借助各类信息媒介将档案管理机构的工作成果和动态资讯信息传播给大众，提高自身影响力和公众对档案的认知。

三、档案管理网络化技术带来的便利

随着各档案机构内部局域网和档案网站的普及，档案管理逐渐向数字化过渡。档案管理的网络化、信息化和数字化大大提升了档案信息化水平，推动了档案事业高质量发展。网络技术是计算机技术和通信技术高度发展、密切结合的产物，计算机网络是将不同地理位置的具有独立功能的多台计算机终端及其附属设备，用通信线路连接起来，并配备相应的网络软件而组成的计算机系统的集合。

（一）关于网络的基本理论概述

1. 网络的组成、结构

计算机网络主要由数据传输系统和数据处理系统构成。数据传输系统，也被称为通信子系统，包括通信传输线路、设备、通信传输规程、协议以及通信软件等组成部分，其主要职责是进行数据的传输、交换和通信处理。而数据处理系统，包含计算机、大容量存储器、数据库、各种输入输出装置以及软件等元素，其主要任务是进行数据的输入、存储、加工处理和输出。这两个系统共同构成了计算机网络，实现了数据的高效传输和处理。

常见的网络结构可以分为以下 5 种形式。

（1）总线形结构。各节点设备与一根总线相连。这种结构的网络可靠性高，单个节点出故障时，对整个系统影响不大。另外，节点设备的插入或拆卸十分方便。

（2）环形结构。这种网络结构是将不同节点连接成环，实现点对点通信。网络中各主计算机地位相等，通信线路和设备比较节省，网络管理软件比较简单，但网络的吞吐能力差，只适于在较小范围内应用。

（3）星形结构。这种结构是将控制中心作为中心节点，其他各节点通过连接线与中心节点进行连接，整体呈星状分布。数据的传输都需要通过中心节点来实现。这种结构的优势是控制简单、方便服务，缺点是过于依赖中心节点，若中心节点发生故障，整个网络都会受到影响。

（4）树形结构。各个节点按层次展开，由各级主计算机分散控制，各主计算机都能独立处理业务，但最高层次的主计算机有统管整个网络的能力。这种网络结构的优势是通信线路和管理软件相对简单，成本较低。但缺点是各节点之间

的信息共享性较差，且各节点过于依赖最高层的节点。

（5）网状形结构。这种网络结构整体呈现不规则状，且整个网络中不存在中心节点，通信控制功能分散在各个节点中，网络可靠性高，任意两节点之间可直接通信，便于传输，资源共享方便。但这种结构网络成本较高，网络扩容程序相对复杂。

对于大型计算机网络来说，整个系统的结构更加复杂，通常由总线形、环形、星形、树形和网络形5种网络结构进行一定的规律组合而成。

2. 网络的类型

根据网络结构的不同，可将网络分为集中式和分布式两种类型。集中式网络简单来讲就是由一个中央主机集中控制整个网络系统。它的优点是，网络资源、人员和设备可以集中管理、使用，网络成本较低。但这种网络形式过于依赖中央主机，一旦主机发生故障，整个网络系统都面临瘫痪的风险，网络可靠性相对较低。而分布式网络则是由各个节点对整个网络进行分散控制，不存在中央主机，各节点之间的资源共享性较强，相对于集中式网络，分散式网络可靠性强，但网络控制系统复杂，灵活性较差。

根据网络覆盖范围的不同，可将网络分为广域网络、局域网络、城域网络三种类型。广域网（Wide Area Network，简称 WAN），在地理覆盖范围上很广，通常覆盖一个国家或洲，甚至是全球范围，如 Internet 网络。广域网借助通信子网将分布在不同地区的计算机系统进行连接，实现信息资源共享和通信的目的。局域网（Local Area Network，简称 LAN），是指将如学校、工厂或机关内等某一区域范围内的计算机、数据库或数据通信设备等连接而组成的网络。不同的局域网之间可接通过特定的数据线路或网络实现互联，形成一个更为庞大的信息处理系统。局域网被广泛应用于公司或公司的各个部门甚至是个人计算机和工作站。城域网（Metropolitan Area Network，简称 MAN），是一种大型的 LAN，与 LAN 技术相似。它是在一个城市范围内建立的计算机通信网，或者在物理上使用城市基础电信设施（如地下光缆系统）的网络。

按所用的通信线路，网络可分为专用网络和公用网络。专用网络是专门建立的通信网络，通信线路由网络成员拥有。专用网络虽然规模相对较小，但建设成本巨大。公共网络主要是由卫星通信、电话网等共用线路构成的网络，能够实现远距离的信息传输，建设成本较低，但公共网络的建设和应用直接受通信设施和通信技术的限制。

3. 网络的作用

（1）便于信息资源交换和共享。用户可以借助计算机网络中各节点之间的连接实现软件、硬件或数据之间的共享，减少劳动重复性，提高系统开发和应用速率，创造更高的效益。

（2）可以充分发挥计算机的功能，均衡计算机的负荷，提高工作效益。计算机网络中的设备能够彼此替代，且每台设备都可以承担部分负荷，大大提高了计算机的工作效率和可靠性。

（3）计算机网络为用户创造了更方便的使用环境，能满足用户的多方面需求。用户可以借助计算机终端设备，查询并获取其他计算机网络中收集的各种信息，实现与其他多台计算机互联。用户还可以上传信息，实现与其他网络用户的信息交互。

（二）档案管理网络化的条件

档案管理网络化是网络技术应用于档案管理系统的结果，也是适应社会信息化发展的必然趋势。档案管理网络化是在档案管理计算机化和档案信息资源数字化的基础上形成的。档案管理网络是众多计算机档案管理系统构成的复合系统。存储档案信息的计算机相当于网络中的各个节点，每个节点可同时间接多个终端，各节点之间也可以借助通信线路实现互联，最终构成一个庞大且复杂的网络系统。

档案管理网络化的出发点和落脚点是共享档案信息资源，提高信息传递速率，扩大信息存储空间，打破地域限制，最终实现信息的远程存取和输送，为信息利用者提供更加便利的条件。

档案管理网络化的自身发展水平、开发和应用范围直接影响档案事业信息化发展水平，可以说，档案管理网络化为档案事业向着信息化方向发展提供了强劲推动力。

1. 资金与设备条件

档案管理网络化建设的最基本也是最重要的条件是要进行大量的资金和设备投入。经济实力将直接影响档案管理网络化发展的速度和水平。相对于我国经济实力较弱的中、西部地区来说，经济实力强、发展速度快、现代化程度高的地区，如珠三角、长三角等地区在档案管理网络化和信息化发展水平上要远超其他地区。所以，档案部门不仅要取得政府部门的支持，还可以通过社会组织、企事业单位或私人捐资等形式获取更大的资金支持。

2. 技术与人员条件

除了资金和设备之外，人才和技术也是档案管理网络化建设的重要支撑。在专业人才培养和先进技术引进时，应采取积极、开放的态度，海纳百川，同时也可以借鉴网络化建设相对成熟的领域的经验，培养和引进既熟知档案管理业务流程又掌握现代技术的具备创新思维和较强执行力的综合素质较高的专业技术人才。

3. 通信网络和电子政务网的支持

我国通信网络发展迅速，信息网络实现了跨越式发展，成为支撑经济社会发展重要的基础设施。我国基础信息网络和重要信息系统数量明显激增，公共电信网、广电传输网、互联网等基础信息网络和银行、民航、税务、海关、证券、电力等关系国计民生的重要信息系统建设规模和管理水平进一步提高。我国广电传输网建成由无线覆盖网、卫星传输网、微波传输网、光缆干线网、有线接入网和互联网组成的广播电视传输信息网络，成为世界上覆盖人口最多的广播电视信息网络。当前，我国档案网络建设已纳入政府电子政务网建设体系之中，其性能和服务的改进和完善有赖于电子政务网络系统的发展和完善。

我国通信网络的高速发展、上网人数的激增、电子政务网络建设为档案管理网络化提供了充分的通信网络条件，奠定了档案网络服务和利用的基础。

4. 标准化与各个部门之间的协作

想要借助通信网络实现网络资源共享，推进档案管理网络化发展，最关键的是需要在机读数据信息、软件设计和硬件设备三方面实现标准化。除此之外，各部门、各合作者之间的协作性对档案管理网络化的发展也很重要。这里说的协作主要是地区性、行业性等不同领域之间的协作，必须通过有效的管理和协调手段使各合作者在各项约定和协议上达成一致，只有这样才能为档案管理网络化建设保驾护航。

（三）大数据与互联网技术

1. 大数据对档案管理的重要性

（1）信息资源得以整合。在传统档案管理工作中，档案资料主要以纸质档案为主，随着大数据时代的到来，档案管理模式已经从以纸质档案为主的单一化管理发展为以纸质档案为主基础、电子档案和数字档案为主的综合型的管理模式。档案管理的相关工作人员的主要岗位职责也从对纸质档案信息的收集、分类、整理和利用，发展为对电子档案、数字档案的创建、维护和安全保密管理。社会职能的叠加、分工的细化使得各行各业持续涌现出大量的信息资源，为了实现对信息资源的高效管理，必须借助如云平台等高新技术手段对档案信息进行精细化分类和管理。

（2）使传统数据得到发掘。传统的纸质档案材料主要由各档案管理部门负责统一管理，信息利用者无法快速、直接获取所需信息，需要前往各档案管理机构进行借阅，灵活性较差，无法发挥档案资源优势，也使得大量的档案信息得不到有效地利用，而大数据的应用就很好地解决了这一弊端，海量的数据信息得到了高效地收集、整理和分析，并充分结合信息利用者的需求，深度挖掘各数据之间的内在关系，创建数据模型，快速有效地提供各类有效信息，将档案信息价值发挥到最大化。

2. 互联网对档案管理的重要性

（1）互联网能够提高档案管理工作的技术水平。互联网信息技术的普及和应用为档案管理工作提供了便利性，不仅使档案管理工作的方式多元化，同时也提高了档案数据录入、分类和检索的工作效率。随着"互联网+"时代的到来，互联网信息技术得到了更深层次地挖掘和利用，档案信息存储方式由纸质档案转变为纸质材料、图片、音频、视频等多种形式，档案管理技术也向着多元化方向发展，大大提高了档案管理工作的效率。

（2）互联网能够提高档案信息的时效性。传统档案管理工作主要以人工为主，档案资料的收集、分类和整理等工作时间较长，信息利用者也需要大量的时间翻阅资料，查询所需信息，无论对档案工作者还是信息利用者都产生了大量的时间成本，无法实现档案的便捷性与高效性。随着档案管理信息化的发展，档案管理在信息更新、检索、读取等方面的速度得到了很大提升。此外，以互联网信息技术为基础，结合云计算、大数据、区块链等高新技术创建的全新的档案管理系统，在提高档案管理能力的同时保障了档案的时效性，开创了档案管理新局面。

（3）互联网能够扩大档案管理服务空间。随着社会的发展和科技的进步，越来越多的档案资源和数据信息需要存储，使传统档案管理面临前所未有的挑战。传统档案管理以纸质材料为主，需要大量的资料存储空间，经济成本较高，不符合新时代对档案管理工作的要求。以互联网信息技术为基础，集云计算、大数据等高新技术为一体的档案管理系统，将虚拟云平台作为信息存储空间，不仅降低了成本，还可以实现对信息的实时查询和离线管理，在提高档案管理效率的同时拓展了档案管理服务空间。

第三节　信息时代下档案管理工作面临的挑战

信息化时代下，传统档案管理模式已经无法适应快速发展的社会环境，档案管理在思维、技术、安全性等方面都面临着巨大挑战，档案管理网络化、信息化、数字化是顺应时代发展的必然趋势。档案管理部门要正视档案管理中存在的问题，转变管理思维，加快数字档案建设，加强档案信息安全防范，不断改进档案管理办法，全面促进档案管理的科学发展。

一、档案信息资源的开发障碍

档案信息资源开发是一个漫长且复杂的系统工程，受到政治、经济、文化、教育、自身观念、公众认知等各种社会因素的约束，这些因素主要涉及观念、实践和理论角度，其中最关键的影响因素为以下3方面。

（一）社会环境方面

公众对档案的认知程度会直接对档案管理工作产生影响，公众档案意识浅薄，则档案信息的利用程度低，这就不利于档案信息资源的开发、共享和利用。档案信息资源的开发与利用程度和人们的文化素养高低有直接关系。由于历史原因，我国部分国民的文化水平不高，这在客观上使我国目前利用档案信息的范围受到较大的局限。

（二）档案部门自身方面

1. 档案人员观念上的障碍

档案人员观念对档案信息资源开发的影响可以从 3 个角度进行阐述。一是传统的档案管理一直秉持着"重藏轻用"的理念，缺乏对档案管理工作的实用性和重要性的正确认知，轻视对档案信息资源的开发和利用；二是注重管理、忽视服务，担心在档案信息资源开发利用过程中会对档案资料产生损害，不敢甚至不愿对外输出档案信息；三是部分档案人员思想落后，与社会和时代脱节，缺乏竞争和创新意识，安于现状，缺少对社会需求和用户需求的了解，对档案信息资源开发的主观能动性较差。

2. 工作上的障碍

（1）缺少完善的档案信息资源保障体系。档案信息资料的数量和质量直接影响档案信息资源的开发和利用程度，抛开馆（室）藏，则档案信息资源开发将成为空谈。一直以来，在馆（室）藏建设中，质量与数量都处于失衡状态，重数量轻质量，档案信息数量庞大但内容相对单一，无法充分满足信息利用者的需求，不利于对档案信息资料的开发。

（2）信息收集、分类效率低下，检索困难，安全性不足，归档率低，案卷质量参差不齐等，档案工作标准化、规范化、现代化进程落后，这些档案业务基础建设中存在的问题同样制约了档案信息资源的开发。

（3）档案信息利用方式单一，作用范围狭小。传统的档案利用方式以"等客上门"为主，用户需要到档案馆（室）进行资料检索或借阅，档案信息的提供方式以资料原件为主，信息传播相对被动，传播范围小，传播效果差，无法为档案信息资源利用者及时提供全面有效的信息。

（4）信息检索工具实用性差、信息传输技术落后。现阶段我国档案部门的信息检索和传输手段尚未完成由人工方式向计算机技术和网络技术的过渡，大多数档案馆（室）还不具备相对完善的信息检索体系，也缺少大容量的信息存储数据库，无法实现对档案信息资源进行全面的检索和分析。网络档案信息平台还处于初级建设阶段，距离实现档案信息资源数字化建设的目标还有很长的路要走。

开发主体单一化。档案馆（室）是国家档案财富的保管者，被赋予档案信息资源保管权、公布权和开发权，档案馆（室）自然成为档案信息资源开的"主体"。档案馆（室）限于主客观条件，如开发资金严重不足，不可能有大量投入；人员数量少，知识结构、技能等都难以适应信息时代深入开发档案信息资源的需要。唯一主体和单兵作战，使档案信息资源的开发力度不大，成果有限，数以亿计的档案成为死财富，长期沉睡于档案库房之中。

（三）用户方面

1. 社会档案意识淡薄

千百年来，档案收藏于宫廷与官府深宅大院的石室金匮（柜）之中，几乎与外界隔绝，蒙上了一层神秘的面纱，公众对档案的价值属性和档案的查阅流程了解较少，加之价值档案资料利用制度相对严格等诸多因素，使信息利用者对档案信息检索和利用的行动力不足。缺少用户需求信息，档案信息资源的开发和利用也将受到限制。

2. 受利用者获取信息习惯的限制

人们利用、获得信息多以易用性为首要标准，而档案信息由于来源众多，分散杂乱、系统性差等因素，加之档案多为"孤本"，获取档案信息往往要到档案馆（室）去阅览"原件"，费时费力，使利用者望而却步。当今信息时代，用户获取有用信息的渠道很多，一般用户偏爱不借助信息机构由自己直接完成信息交流，如从网络上直接获取和交流信息等。

3. 用户获取档案信息能力的制约

目前除了专家学者、研究人员、机关工作人员以及文化素质高的群体利用与获取档案信息的能力较强外，一般的普通利用者利用档案信息的能力受到局限。例如缺乏古汉语知识，较难利用明清档案；缺乏外文阅读能力，较难获得外文档案资料信息等。

二、对档案保密管理工作的挑战

（一）法律法规保密设施技术相对滞后

《档案法》的实施对加强档案信息的收集、分类、利用，促进社会主义现代化发展起到了至关重要的作用，尤其是《档案法》对档案资料保密性的相关条款极大地维护了我国档案信息资源安全。但是随着中国特色社会主义进入新时代和全面依法治国方略的推进，公众利用档案的需求将越来越高，档案工作在实践的过程当中，某些具体条款和立法精神层面已经无法适应国家治理体系和治理能力现代化的战略部署，因此需要对《档案法》进行适当的修订，进一步加大档案开放与利用的力度，最大程度地满足社会各方面的需求。在加大档案开放力度的同时，档案的安全性也面临着巨大的挑战，现阶段信息的传播媒介和载体已经发展为纸质材料、多媒体材料、数字化材料等方式共存的阶段，而对很多企业或单位来说，都缺乏同等水平甚至更高水平的信息保密技术，一旦信息泄露或被盗取，都将无法满足社会各界对档案的公开需求，也将造成重大的损失。

（二）档案管理工作人员意识不强、专业度有限

信息化时代背景下，部分档案工作人员队伍建设无法适应新形势下档案保密工作的需求。一方面是因为部分档案管理人员档案保密意识淡薄，只是按照工作职责机械化地进行档案保密工作，缺少专业的教育、培训和对保密法规的学习，思想上也缺乏对档案保密工作重要性的认识；另一方面是由于保密技术手段相对落后。随着信息化进程的加快，窃密技术也在不断地更新和发展，窃密手段也呈现多样化、科技化、隐蔽化等特点，而档案管理人员对现代科技发展了解较少，对高科技保密技术掌握深度不足。档案管理人员在思想上和专业度上的不足，使档案保密管理工作陷入了相对被动的局面，很容易发生各类安全隐患问题。

第四节　信息时代下档案管理工作的转型与升级

档案信息资源对任何组织、机构、企事业单位来说都是十分重要的，档案信息资源经过收集、管理、分析、再开发等流程实现二次利用，极大地发挥了档案的价值属性。科技的快速发展和应用，对档案管理工作来说既是机遇也是挑战，

信息网络环境下，档案信息资源的承载和传播媒介都发生了翻天覆地的变化，各档案管理机构或部门需要及时转变思维，加快推进档案信息资源网络化、信息化、数字化建设进程，提高档案信息资源利用率，加强档案智能化应用效果，全面、快速地为用户提供所需信息，更好地为社会各界服务。

一、信息时代下档案工作要点

（一）档案收集工作

信息收集是档案工作的基础，直接影响档案信息的分类、整理、利用和再开发。信息覆盖范围广、有针对性、逻辑性和层次性是档案信息收集工作的三个基本条件，而在以人工为主的传统档案管理工作中，信息的全面性难以得到保证。信息时代背景下，想要更好地完成档案信息的收集，可以从以下两方面着手：第一，向无纸化办公过渡。无纸化办公在一定程度上就是信息化办公，相对于传统的纸质办公方式，无纸化办公效率更高，也更加环保，而且更加有利于档案信息的收集。目前无纸化办公已经成为各企事业、机关单位的主要办公方式；其次，要快速推进对传统档案信息资源的电子化转化工作。虽然无纸化办公逐渐成为主要办公方式，但仍有部分档案资料是以纸质形态进行保存的，利用性较差，可将纸质版档案资料通过扫描等方式转变为电子化档案，这样做实现档案信息的循环利用。

（二）档案存储工作

1. 存储介质信息化

档案的存储是整个档案工作的重难点。传统的档案信息资料主要以纸质形态进行存储，占据了大量的物理空间，并且档案室对温度、湿度、光照条件等空间环境要求较高。信息时代背景下，档案信息的存储载体已经由传统的纸质形态转变为数字化、网络化形态。相对于纸质形态而言，U盘等数字化存储载体的存储空间具备大容量、小体积双重优势。随着社会的不断发展和大数据时代的来临，信息存储载体再次发展为虚拟云平台存储系统，如云盘已经成为当下信息存储的主要形式，云盘以网络为基础，通过简单的点击操作就可以轻松将档案信息存储至云盘中，其存储效率高，档案信息的读取更便捷，且不受时间和空间的限制，大大提高了档案的传播和利用率。

2. 利用方式信息化

档案利用是整个档案工作中至关重要的一环，是档案信息价值属性的外在体现。在传统的档案管理工作中，档案信息的载体和内容相对单一，档案信息通常通过人工方式进行信息检索并反馈给用户，方式比较简单。但这种方式会消耗大量的时间，信息的检索效率和信息的全面性难以得到保障。信息时代下，档案的存储方式、存储载体和传播载体都发生了变化，档案信息的检索方式也由人工检索发展为网络检索、搜索引擎检索等高科技检索手段，检索方式更便捷，检索范围更广，检索效率和检索信息的准确性相对较高。此外，档案信息的利用方式也呈现多样化，网页浏览、资料下载、在线咨询交流等都可以成为档案信息的利用方式。信息时代下，档案信息的利用效率和服务效果更为突出，有利于实现档案信息的价值属性。

（三）档案服务工作

对于任何承担档案资料保管的部门、科室或机构来说，无论是传统的档案工作还是信息时代档案工作，核心要务都是档案的服务工作。

1. 更新服务理念

在档案管理工作中，服务理念是进行进行一切工作活动的思想基础，直接影响档案服务的质量。新时期下，档案管理工作需要摒弃传统的"坐等上门"的被动服务模式，同时需要做好人员工作理念的调整工作。一方面，可以从全局出发，重新确立用户利益至上的服务理念，将档案管理工作的发力点从档案信息转移到人上，将档案服务理念渗透到实际工作的各个环节中，全面分析用户需求信息，总结用户对服务工作的反馈信息，积极改进和改善服务方式，提高工作效能。另一方面，可以从强化服务意识入手，坚持主动服务，收集用户的诉求信息，并将符合要求的档案信息进行分类、整理，提高信息反馈效率和信息准确率，也可以定时向用户提供知识型档案信息，提高用户满意度。

2. 创新服务模式

服务模式是档案服务工作中灵活性最高的单元，直接影响档案服务效能。传统的档案服务模式单一，主要以无差别服务和零散信息服务为主。随着信息时代的到来，人们对信息的认知程度有了很大的改变，传统的服务模式已经无法满足公众对档案信息服务的需求，必须结合时代背景进行有针对性的调整和创新，提高用户满意度。可以从以下两种途径进行：一方面，将用户需求作为出发点和落脚点，借助互联网技术对用户的需求进行预测和分析，主动向用户进行信息推送，减少信息检索时间，提供个性化档案服务。另一方面，可以通过互联网技术将满足用户需求的零散信息进行整合，提高信息的准确性和利用率。

3. 拓展服务范围

无论在传统的档案工作中还是在信息时代下的档案工作中，档案服务都是其中至关重要的一环，做好档案服务工作有利于发挥档案信息的价值属性。除了更新服务理念、创新服务模式外，还应该做好服务范围的拓展工作。首先可以加大信息收集范围，加强信息整理力度。因为在传统的档案工作中，档案信息主要以纸质形态进行收集、整理和利用，不易保存，且搜索范围较小，内容不全面。信息时代可以利用各种高新技术扩大搜索范围，通过一定的规律将信息进行科学合理的分配，这样不仅丰富了信息来源，也提高了信息的利用价值。其次，可以拓宽档案信息的服务对象。通过对不同档案信息资源进行主动推送，培养更多的潜在信息利用者。

二、信息时代下档案管理工作的转型发展趋势

随着社会的发展以及科学技术的进步，档案的来源渠道日益增加，内容也愈加繁杂，因此档案的种类越来越多。不仅如此，档案的载体也发生了更迭，不再局限于纸质。随着各行各业对信息的愈发重视，对档案的要求也逐渐增加。以上种种推动了档案管理工作的发展，使其呈现新的发展趋势。

（一）档案管理模式趋向一体化

1. 文档管理的一体化

文档管理一体化就是将文件管理工作和档案管理工作进行整合，并进行统一管理。换句话说，就是将文件的产生、分类、整理、保存与档案管理整合为一个管理体系，按照相同的工作理念、指导原则、管理方式、程序对其进行管理，而不再将文件和档案置于两套不一样的管理系统，这样可以避免不必要的劳动，大

大提高管理工作的效率。

上述内容的实现得益于办公方式自动化和智能化的普及、信息技术的快速发展和档案管理网络化的推进。自动化办公和智能化办公彻底改变了持续多年的工作方式，人们可以不用在纸张上起草文件了，计算机就能快速、简洁地完成传输和操作，在这些都进行完以后，再考虑对文件进行销毁还是保存，可见，这时的文件与档案之间已经不是那么泾渭分明了。

文档管理一体化可以打破传统管理模式在时间和人员上的限制，可随时进行文件的归档工作。对于传统的管理模式而言，需要耗费较长的时间、较多的人力来进行归档整理。这时的文件管理和档案管理处于一个管理系统之下，可以减少不必要和重复性的工作，减少工作时间，提高工作效率。

文档一体化系统是实现电子文件全过程管理和前端控制的重要平台。在文档一体化系统中，电子文件的产生、运转、归档管理等都被纳入了控制和管理的范围之内。不仅如此，在整个系统刚刚开始设计的时候，档案人员就已经参与其中，因而整个系统更能够体现文件的档案化管理思想，也更能保证电子文件的真实性和完整性。

2. 图书、情报、档案的一体化管理

图书、情报、档案通常被视为三个不同的个体，它们有各自的特点：图书具有比较系统的知识体系，情报是用来消除不确定性的特定信息，档案是记录人们社会活动的原始信息。虽然特点不同，但是三者可以在功能上互相弥补，尤其是在信息技术飞速发展的今天，三者之间的联系更加紧密，正在逐渐走向一体化管理。

图书、情报、档案一体化管理在信息综合度、资源共享和满足时代需求方面具有明显优势。图书、情报、档案一体化有利于提高信息综合度，拓宽信息来源，挖掘潜在信息，满足不同行业在生产生活、文化传播等方面的需求。图书、情报、档案一体化有利于优化资源配置，实现信息资源共享。随着信息技术在各行各业的应用，许多企事业、机关单位和档案馆等机构都对图书、资料和档案等材料进行了资源重组并创建了完善的信息中心，采用统一的理念、原则和系统对图书、资料和档案进行统一化管理，充分利用三者所涉及的全部，实现资源共享。图书、情报、档案一体化有利于充分发挥信息资源在社会信息化、大数据环境下的价值。

时代背景的改变使社会环境和用户对信息资源的需求也发生了变化，一体化管理打破了图书、情报和档案之间的界限，实现了信息的渗透和连接，进一步提升了信息资源的价值属性。

随着科技的飞速发展，网络技术、计算机技术和通信技术在各行业中的应用势头迅猛，两个"一体化"管理的趋势也越来越明显，这就对档案工作者提出了新的要求，即实现纵向和横向的立体发展。所谓纵向，具体而言是指加深对文件管理理论、方法等的熟悉。所谓横向，是指档案工作者要加强对图书、情报工作相关知识的了解，因为档案与图书、情报之间有着非常紧密的联系，对图书、情报有一定的了解，才能使三者处于一体化的有序管理之中。

（二）档案管理手段趋向数字化和网络化

进入 20 世纪以来，科学技术飞速发展，计算机技术的发展也是突飞猛进，开始渗透于社会的方方面面，档案管理的手段也因此发生了变化，逐渐摆脱了过去的手工管理，开始趋向数字化和网络化。

档案管理的数字化，简单理解，就是通过现代信息技术将文字、图片、声音、图像等档案信息存储到计算机数据库中，解决了传统档案工作收集难、整理难、管理难、利用难的问题。

数字化档案可以通过两种途径产生：一种是在工作和生活中直接生成电子文件信息，并将其归档转化为电子档案，这种直接方式需要在数字网络环境下实现；另一种是借助现代信息技术推进馆（室）藏数字化进程，将原本纸质档案、碟片、录音带等信息载体上的信息经过一定的处理方式以数据信息形式进行储存，形成电子档案。

档案管理网络化可以理解为通过计算机网络对档案信息进行收集、分类、整理和利用等工作。要想实现档案管理网络化，数字化档案是必要条件。随着互联网技术的应用和普及，档案管理网络化是顺应时代趋势的必然结果，随着档案管理的数字化和网络化趋势，档案管理工作减少了很多重复的劳动，大大提高了工作效率，也使得人们对档案信息的利用更加方便、高效。

（三）纸质档案与电子文件将长期并存

在过去的很长一段时间里，档案管理工作是纸质的档案的管理，整理、总结出的档案的管理方法、管理经验、理论依据等也都是针对纸质档案形成的，毫无疑问，过去一直是将纸质档案视为档案工作的管理对象。但是，随着社会的进步与科学技术的发展，承载信息的载体发生了变化，电子文件开始在档案载体中占据越来越大的比重并且大有将纸质档案取而代之之势。

然而，电子文件虽然便捷且利于传输，但是因为它是近年来才发展起来的，所以对于过去的很多信息它并不能完整收录，而且电子文件容易被篡改、毁坏，在真实性方面也逊于纸质档案。再加上长期以来，人们已经习惯了阅读和使用纸张，这一习惯短期内很难改变。

上述种种都表明，纸质档案和电子文件会在今后的生活里长期共存。对于纸质档案，长期经验之下已经有了较为完备的理论、管理方法等，而关于电子文件的管理还需要档案人员进一步摸索、整理、归纳，同时还要协调好纸质档案和电子文件的关系，使二者协调统一。

（四）档案馆的公共性和社会化服务将越来越突出

档案馆是我国档案工作机构的重要组成部分，是法定的保管国家档案资源的机构。作为科学文化事业机关，档案馆肩负着社会化服务的功能，可是在过去的很长一段时间内，档案馆的这一功能都没有得到充分的发挥，更多的还是充当着党和政府机要部门的角色。随着我国社会主义事业的建设和发展，政府职能逐渐转型，公共管理这一职能越来越受到重视。在这一举措的推动下，档案馆的社会化服务功能也得到了拓展，更多的公共档案馆开始走入人们的生活中，人们对于档案馆不再陌生，不但对其认识加深，而且也普遍认可。

公共档案馆由国家设立，其宗旨在于面向社会和所有公民提供全方位的服务，其馆藏主要是国家机构和相关组织在公务活动中形成的公共档案以及其他反映社会各阶层活动的档案材料。档案馆的服务对象是全体公民，并为利用者提供良好的阅档环境。

长期以来，我国各级国家综合性档案馆在馆藏结构和服务对象等方面的定位是以党和政府的机关部门为主，馆藏档案以各级党和政府部门的文书档案居多，而科技档案以及记载当地社会团体和公民的档案较少，加上档案馆封闭的服务方式，使档案馆与社会公众之间有一定程度的疏离。因此，只有在改善馆藏机构、丰富馆藏内容、加强档案馆社会化服务功能的基础上，才有可能使我国的各级国家综合性档案馆真正发挥公共档案馆的职能。

三、档案信息资源开发的转型化发展策略

档案信息资源开发应以用户需求为出发点和落脚点，以创新性思维和服务理念，借助现代信息技术手段，增加馆（室）藏内容信息数量和种类，提高信息质量，对用户需求进行快速、高效、全面的反馈，结合我国实际情况，走出一条中国特色社会主义档案信息资源开发之路。

（一）创新观念

1.被动服务与主动服务并举观念

档案工作的出发点和落脚点就是为用户提供服务，满足用户所需，新时期下，档案管理工作需要改变传统的"坐等上门"的被动的服务模式，更新服务理念，主动向外界输出信息，被动服务与主动服务并举，将档案信息资源的价值发挥到最大化。

2.社会观念

信息时代的发展对档案事业来说既是机遇也是挑战。档案工作必须不断地发展才能满足时代所需。立足社会，加大档案信息资源开发力度，拓展档案信息资源开发范围，满足社会各界对档案信息的需求，更新档案服务理念，将档案信息利用服务渗透到政治、经济、文化、教育、社会生活等各个领域和各行各业生产生活的方方面面。信息资源的开发还应改变各自为营的开发现状，可以借助社会各界的力量加大信息资源开发力度，共同创建档案信息资源开发的新局面。

3.信息共享观念

信息共享是由档案工作的特性决定的，档案信息来源于社会也服务于社会，本身就具有一定的社会属性，除了自身特性外，还具有信息的一般特征，也就是共享性。档案信息共享要坚持人民主体地位，坚持以人为本，实现全民纳入、全员覆盖、人人享有，为社会生活各领域、各行业提供服务。实施信息共享还可以改变长期以来"重藏轻用"的观念，通过增加对信息的利用，发现自身不足，不断地进行改进和完善，不仅有利于进行档案工作价值的自我提升，同时可以通过信息交流和传播更好地为社会各界服务。

（二）做好宣传与改善环境工作

现阶段档案信息资源的开发主要受经济水平、文化素养和用户档案意识的限制。经济水平和文化素养属于社会因素和外部人员因素，不受档案部门约束，但用户档案意识是可以通过档案部门的努力得到改善的。档案部门必须加强档案宣传工作，并将其作为长期任务执行，具体来讲就是借助各种宣传手段向外界进行档案相关知识的科普，培养公众档案意识。不仅如此，还可以将服务范围扩大至国外，加强对外交流。档案部门可以与新闻单位进行合作，充分利用电视、报刊、短视频等媒介将档案信息的价值、查询流程和条件等信息向社会各界进行宣传，培养公众档案意识，增加社会影响力，提高档案利用率。此外，还应通过政策和立法来实现环境的改善。档案部门必须进一步加强法规与政策建设，使档案工作能更好地满足社会需求，并从深度和广度两个层面对档案信息的开放程度和档案信息的开发范围进行拓展，优化档案利用方法，改善档案信息资源开发环境，促进档案信息资源开发工作的顺利进行。

（三）确立资源与人员的保障体系

1.建立档案信息资源保障体系

档案信息资源机构通常可分为档案馆和档案室两种。无论是档案馆还是档案室，建立档案信息资源保障体系都是十分必要的。档案室作为组织的内部机构，首先应该从管理体制上入手，将分散管理变为统一管理，实施档案、图书、情报一体化管理，整合组织内部档案信息资源。档案馆作为国家机构，应坚持丰富与优化馆藏并举、质量和数量并重的方针。从馆藏角度来说，应扩大信息收集范围，除本级党政机关外，还应接收直属下级单位的档案；除文书档案外，还应接收科技档案与专门档案；除一级单位外，还应接收二、三级单位中输出的具有较高保存价值的档案。从馆藏内容质量来说，应对进入档案馆的资料进行严格的质量控制，通过对档案信息价值的评估，对不同级别的全宗分别采取大部分或少部分进馆的方式。从丰富馆藏的角度，可以适当优化档案补充机制，扩大档案接收途径，如社会征集、寄存、购买等，将具有档案属性和价值的且不在馆藏接收范围内的信息也收集起来，如某区域内重大活动、名声和具有反映本区域政治、经济、文化等特色的档案。建立档案信息资源保障体系，使档案更贴近社会、更能反映用户生活，调动群众积极性，才能提高档案利用率，提高档案价值属性。

2.配备高素质的专业人员

任何一项工作的推进都需要专业的人才和科学合理的制度保驾护航，档案信息资源开发工作同样如此，档案部门应建立健全各项开发制度、完善开发规划、制定开发措施，确保档案信息资源开发工作顺利进行。从人才角度来说，开发人员的档案意识、专业水平以及对现代信息技术的掌握程度都决定了档案信息资源开发水平的高低和质量的好坏，因此必须不断提高工作人员的专业水平，重视人才的吸收和再培养。坚持以人文本，将工作的重点放在对基础力量的培养上，不断完善队伍建设，提高综合素质。

（四）充分利用信息技术

档案工作网络化、数字化顺应时代发展趋势。在档案信息资源开发过程中，应将信息技术渗透到信息挖掘、信息加工、信息处理和信息传输利用等各个环节中，信息技术的应用将大大降低人力、物力成本的投入，提高经济效益。例如，计算机数据库的应用不仅可以扩充信息容量，还能够提高信息质量，通过一定的计算方法、准确、全面、高效地向用户提供所需信息资源；在信息处理分类处理过程中，同样可以使用计算机或多媒体技术将纸质形态的档案信息转变为电子档案，并与图、声音、图像相结合，使档案信息更加直观、生动；将计算机技术应用于信息的传输利用服务中，可以增加用户对档案信息的利用途径，用户可以通过线上浏览、在线咨询、信息下载等方式获取所需信息，提高信息传播速度、扩大信息覆盖范围，使档案信息利用更便捷，档案信息资源利用更充分。

（五）以用户需求为导向、以创造名牌档案信息产品为目标

档案信息资源开发需要将满足用户需求作为出发点和落脚点。用户对档案信息的需求程度直接决定着档案信息资源的开发深度和开发方向，必须快速推进档案信息产品化过程，结合市场经济发展背景和生产经营情况等因素，将静态的档案资料转变为动态的生产力，全范围、深层次地进行档案信息资源开发并形成满足社会所需的高质量成果，主动服务与被动服务并举，最大程度地发挥档案信息资源在经济建设、科技进步、经营管理、行业发展等方面的作用，提高公众档案意识，扩大档案工作影响力。

（六）走特色开发之路

特色是指他无我有，他有我多，他多我优。特色的表现多种多样，如有的经济特色比较明显，像一些城市或地区的名优产品档案，往往能在一定程度上反映一个地区的经济发展历史和发展水平；有的文化特色突出，像一些城市或地区的知名人物和名胜古迹档案，常常反映这些地区的悠久历史和古老文化；还有的极具地域特色、时代特色、民族特色等。我国拥有各级各类档案馆 3000 余个和数以万计的各级各类档案室，由于它们所在的地理位置、专业系统性质、档案形成的特殊性，以及国家的有关政策规定等因素，使得每个档案馆（室）收藏的档案都有自己的鲜明特色。在档案信息资源开发中，应深入分析社会需求，从本馆（室）藏档案的特点与优势出发，形成各自的档案信息资源开发特色，如综合性档案馆的中央级是按历史时期划分的（中央档案馆保存革命历史档案与中华人民共和国成立以来的档案，中国第一历史档案馆保存明清档案，中国第二历史档案馆保存民国档案），地方综合档案馆是按地域划分的。综合性档案馆馆藏以该地区党政机关、团体的档案为主，档案信息资源开发的重点，可以面向各级党政机关团体，突出地域特色，为本地区各项工作服务；专业性与部门档案馆应立足于本专业、本部门的工作任务，有针对性地开发档案信息资源，为本专业本部门的各项工作服务；企业档案馆（室）应以生产和经营为中心，以原材料供应、产品生产、经营销售、技术革新等为重点，为本企业的各项工作服务；各级、各类档案室应为本单位提供档案信息服务。

四、信息时代下档案管理工作者素质能力的升级

档案工作网络化、数字化顺应时代发展需求，档案管理人员应结合时代背景，积极完善相关制度，及时调整工作思维，保证档案管理工作顺利推进。

（一）信息时代下档案管理工作者应当具备的素质

1. 养成高尚的思想素质

我国已经全面进入到信息时代，计算机技术在各领域中都发挥了较大的作用。这种形势下，要结合现实要求，积极采取有针对性的对策，顺应时代发展要求，实现有针对性的改革和创新，保证档案管理人员自身可以逐渐养成高尚的思想素

质，这样才能够满足信息时代背景下的个性化需求。

首先要结合时代背景，不断更新、完善并加深对法律、法规、道德的了解和认识，将其渗透到日常的工作生活中，不断提升自身综合素质，克己奉公，将工作内容真正落到实处，保证工作顺利开展。

其次，管理人员在信息时代背景下，要保证档案管理工作的有序开展，最为重要的一点就是要保证其自身树立长远的职业思想，提高自身的责任感，在实际工作中认真钻研，直面各种不同难题，在信息时代理念的影响下，实现有针对性的改革和创新，注重整个时代的变化趋势。这样不仅有利于及时转变自身的思想观念意识，还可以了解到整个时代发展的趋势，以更加先进的观念和对策，促进档案管理水平的提升。

2. 拥有全面的专业素质

要想促进档案管理水平的提升，管理人员自身的综合素质、专业能力在其中具有非常重要的影响和作用。

随着信息时代的快速发展和社会的不断进步，信息技术在档案工作的应用范围也逐渐增加，这都增加了档案管理工作的复杂性，因此档案工作者需要不断地学习专业知识，与时俱进，在工作中发现问题、分析问题、总结经验、掌握新技术，不断推陈出新，才能适应档案工作的发展需求。

其次，要顺应时代发展要求，实现对现代化科学技术的合理引进和应用，实现高新技术手段与档案管理工作的高度融合。信息技术的引进和应用，对各项管理工作的有序开展而言，具有非常重要的影响和作用。其中包括计算机网络技术、数据库管理技术等，对这些技术的基本原理有所了解，熟练操作，才能够保证档案管理人员自身的专业知识水平得到提升。

（二）信息时代下档案管理工作者素质能力升级的策略

1. 加强日常学习和交流培训管理力度

信息时代背景下，对档案管理工作人员自身的工作能力提出了更高的要求。对于大多数优秀服务单位而言，要在日常运营管理中，顺应时代发展要求，实现有针对性的改革和创新，提高对档案管理工作人员的重视程度，不断加强日常培训和管理力度，为其提供更多的机会，以使管理人员提高其自身的综合素质和专业能力。通过这种方式在其中的合理应用，有利于最大限度保证知识的丰富性，保证管理人员自身的能力有所提升，以此来提升日常工作效率和质量。

2.保证继续教育经常性的实施

现如今，我国档案事业一直在不断进步和发展，很多方面都有非常明显的进步。档案管理人员自身的素质建设对整个档案管理人员自身的专业素养提升而言，具有实质性意义。因此，对于档案事业单位而言，要积极组织现有管理人员，保证继续教育在实践中的有序开展，保证管理人员自身的素质培养效果，如电子化管理理念、专业知识等，这样不仅有利于保证档案管理人员自身的硬性知识水平有所提升，还可以培养档案管理人员自身逐渐养成良好的创造意识。

3.强化档案管理工作人员的专业素养

对于档案管理工作人员而言，要保证自身的基础知识水平可以得到有效提升，对基础知识有更加深入的掌握和了解，具备丰富的专业知识，实践中，要对现有的专业理论知识、专业技术等进行合理的应用，坚持日常生活、工作中的学习，如积极学习一些档案管理的基本理论、技术，实现对现有档案信息资源的合理开发和应用等。对现代化科学技术进行合理的引进和应用，实现电子档案管理系统在实践中的引进和应用，这样不仅有利于为档案管理工作的顺利展开提供可靠的依据，还可以满足管理人员日常管理时的基本要求。加强对现代化电子计算机技术的学习，对各种不同类型的基础信息知识进行更加深入的了解，以此来促进管理有效性的提升。

4.档案管理制度的构建和应用

要想保证信息时代背景下档案管理工作的有序开展，实现高质量的管理，要对现有行业的规章制度展开科学合理的建设和应用，以此来保证管理工作在具体展开中的规范化、合理化，实现档案管理人员自身综合素质的全面有效提升。由此可见，在实践中加强对档案管理制度的建设和完善，不仅有利于保证档案管理制度的合理性，还能够满足时代发展要求。这样才能够通过制度对管理人员的行为进行规范，以此来保证档案管理工作的全面有效落实。

第三章 档案信息化建设与管理探索

档案信息化战略从信息社会的需要出发，服务于档案事业的发展方向，同时又影响和促进档案事业的发展。本章节内容为档案信息化建设与管理探索，依次介绍了档案信息化基础概念与内容构成、档案信息化实施策略与建设、档案信息化管理实现路径共三个方面的内容。

第一节 档案信息化基础概念与内容构成

档案信息化并不是单纯地以电脑代替人工工作，更不是把传统的工作模式照搬到信息化平台上。其实质是档案工作与信息化的有机结合，两者成功与否也取决于它们的融合程度，从观念到实践，都是一次深刻的变革，并赋予了档案工作与信息化新的内涵。

一、档案信息化的基础概念

对于档案信息化科学的定义是档案信息化实践的理论基础，有利于全面理解档案信息化的目标和任务，有利于按照信息化的客观规律推进档案事业的科学发展。什么是档案信息化？学界有多种定义，不同的视角会有不同的理解。本书采用 2013 年 12 月出版的《大辞海》中的定义："档案信息化是指在国家档案行政管理部门的统筹规划和组织下，以档案信息资源建设为核心，以信息人才为依托，以法规、制度、标准为保障，全面应用现代信息技术，不断改革传统的档案管理模式，有效提高档案信息资源收集、管理和提供利用服务水平，加速档案管理现代化的过程"。该定义总结了我国档案信息化的基本经验和基本规律，其内涵如下。

第一，必须由档案行政管理部门统筹规划和组织实施。档案信息化不是单纯的计算机应用，也不是具体的档案业务，而是事关全局和影响深远的复杂的系统工程，需要人才、设备、资金等方面的支持，需要全面、持续、稳步地推进，并需要经历较长的完善过程。因此，档案信息化不能各自为政、分头建设，而必须由各级国家档案行政管理部门建立统一的规划、制度、规范、标准，实行宏观管理和监督指导。同时，需要精心组织实施，在技术平台、网络体系、组织机构、人才队伍、资源建设、基础业务、建设经费等方面提供保障，才能确保这项事业持续有效地开展。

第二，必须以档案信息资源建设为核心。从某种意义上说，档案信息化的核心目标是使档案信息"资源化"，即将档案信息转换为真正意义上的档案信息资源。资源化不是简单地将档案信息做数字化处理，也不是简单地将其放到网络上传输，而是应用信息技术，使档案信息媒体多元化、内容有序化、配置集成化、质量最优化、价值最大化，通过档案信息系统的加工处理，确保各种社会信息的真实、完整、有效，便于跨越时空、广泛地共享利用，在实现档案信息增值的同时，承担起传承人类记忆的历史使命。

第三，要建设一支高质量的档案信息服务队伍。档案信息化是一个集档案学、信息学、计算机等学科于一体的技术密集型、知识密集型的专业。传统的档案干部队伍结构和人员知识结构已经不能完全适应档案信息化的需要。当前，我国档案部门缺乏专业人才，尤其是中、高级信息技术人才的短缺，已成为阻碍我国档案信息化向纵深发展的"瓶颈"。因此，一方面，要引进和培养相关人才；另一方面，要通过建立有效的激励机制，鼓励档案人员学习信息技术知识，提升档案信息化水平。

第四，必须在法规、制度、标准方面建立相应的保障体系。信息技术的应用必然会向传统的保障体系提出全面的挑战。只有根据信息技术的特点和应用要求，不断制定和完善档案管理的法规、制度、标准、规范，才能确保档案信息系统的科学建设和有效运行。

第五，必须全面应用现代信息技术。信息技术具有强大的潜能，只有全面、成功地应用才能真正将其转化为生产力。所谓全面应用，有三层意思：一是与档案工作有关的各个工作部门和人员都要参与应用，而不是仅靠档案业务人员应用；二是要应用于档案全过程管理的各项业务，而不是只应用于单项业务；三是引进、消化、吸收各种先进、适用的信息技术，并不断跟踪和应用新兴的信息技术，使信息技术真正成为档案事业发展的不竭动力。

第六，必须改革传统的档案管理模式。传统的档案管理模式建立在手工管理基础上，必然会出现与信息技术应用不适应或不匹配的问题。应当不断改革传统的档案管理模式，积极适应信息技术环境下的新型档案管理模式，而不能消极地让新技术适应传统的档案管理模式，这样才能最大限度地发挥信息技术应用的效能。

第七，必须树立强烈的效益意识。档案信息化不是作秀表演，不能徒有虚名，而要遵循经济规律，力争取得务实的效果。当然，档案信息化很难估量直接的经济效益。但是，在产出效果方面，要努力追求社会效益、长远效益。要树立大目标，不能满足于一般的省人、省事、省力，而要致力于解决传统档案管理中遇到的收集难、著录难、整理难、保管难、内容检索难、多媒体编研难，以及电子文件的保真、保密、保用等老大难问题，力争提升档案科学化、规范化的管理水平和服务水平，在促进社会改革开放、经济发展、文化繁荣以及法制化、民主化进程中建功立业。

档案信息化的概念是在档案工作与信息技术相结合、档案管理理论研究和实践推进相结合的过程中逐步形成的。档案界曾经有过许多与档案信息化类似或相关的概念，都强调了某些侧面，如"档案管理自动化"强调包括微机、微电子、缩微、复印、传真等自动化技术在档案管理中的应用；"计算机辅助档案管理"强调应用计算机人机交互、对话的方式，辅助档案管理的各项业务工作；"档案现代化管理"除了强调档案管理应用计算机技术，实现管理手段的现代化以外，还强调档案管理理念、体制、方法的现代化；"文档一体化管理"强调运用文件生命周期的理论，从公文和档案管理工作的全局出发，应用计算机技术实现档案的全过程管理和前端控制，提高文档管理的效率和质量。这些与档案信息化相关的概念形成，都是计算机技术及其在档案工作中应用状态、发展水平的标志，既反映了档案信息化理论研究和实践探索的阶段性成果，也反映了我国档案信息文化发展的轨迹。

二、档案信息化的内容构成

（一）档案信息化的基本意义

档案信息化是档案管理发展的必然选择，是档案管理部门面对信息技术革命的积极回应。其意义主要有以下几点。

1. 催生新的理论

随着档案信息化的发展，特别是对电子文档的研究，催生了一系列新的基本理论，如新来源观、后保管模式以及文件连续体等，并在各个方面都对档案管理实践工作产生了深远的影响。

（1）新来源观

在新来源观中，来源不再局限于文件的产生机构，而是包含了文件形成的目的和过程等。它的应用范围不仅包括实体的整理和分类，而且在检索、鉴定、著录、凭证的确认等方面都起着非常重要的作用。其典型应用就是《国际档案通用著录标准》中强调的"多级著录"，美国、加拿大、澳大利亚等国家档案馆的机读目录系统就是严格按照全宗、类、案卷、文件这样的层级来展现的，以此来体现文件之间的有机联系。

（2）后保管模式

后保管模式也是档案记录革命的产物。它将重点从档案的实体保管转移到信息利用上，从档案的内容转移到其形成过程、文件反映的职能、文件之间的联系上。档案管理者也由被动的保管员转变成关于业务职能、文件联系的知识的主动提供者。

（3）文件连续体

文件连续体建立了一个由文件形成者、业务活动、价值表现、文件保管四个轴，以及生成、捕获、组织、利用四个维度构成的三维的理论模型，用来描述文件的生成、管理、保存的各个因素以及它们之间的相互作用。它提醒档案工作者要有一种整体性、关联性的观念来管理档案，要在文件生成的同时或之前就参与或介入文件管理。

2. 促进管理效率的提高

档案信息化过程中管理效率的提高主要表现在以下几方面。

（1）档案管理的自动化和档案实体管理的简化

档案管理系统能够让很多管理流程都变得自动化，如归档、存储、鉴定以及统计分析等。它还能让档案实体管理变得简单，如立卷、实体分类等，这样就能降低工作人员的工作量，缩短工作时间，提高工作效率。

（2）历史档案原件得到保护

主要体现在两个方面：第一，替代原始文件，供人们使用。使用者可直接查阅文件的电子版，以降低对原始文件的破坏。第二，用电子化的方法来进行传承。因为任何文件保存得再好，其使用寿命也是有限度的。但若将其数字化，并且格式选择得当，就会使档案信息永久存在。

3. 促进服务水平的提高

档案信息化过程中档案服务水平的提高主要表现在以下几方面。

（1）能够满足多元化的利用需求

档案的管理系统拥有强大的数据处理能力，能够实现对目录资料的一次输入和多次输出，能够从多个角度对文件进行查询，可以满足用户多元化的查询需求。

（2）能够提高查询效率

在档案信息化的大环境下，不但大大缩短了检索周期，而且提高了查全率和准确率。在跨时空、大规模和综合性的检索中，其优势更加凸显。

（3）促进服务内容和手段的丰富

档案工作者可以将多种媒体形式的开放档案全部发布，将这些档案信息与其他数字信息有机整合，并以超链接、超媒体的方式提供便捷的访问途径，还可通过电子邮件、微信等手段提供服务。

4. 促进交流与合作

档案信息化的技术应用、系统设计和利用需求时刻变化着，新问题也在不断涌现，这就要求档案界要加强与外部的交流与合作，学习经验，交流心得，寻求各方面的支持。因此，这对于档案工作和档案工作者来说既是机遇又是挑战。

5. 促进人员素质的提高

从电子文件管理到数字档案馆建设，从对业务流程和业务系统的支撑到公共服务，对档案工作人员在专业素质、综合素养等方面都提出了更高的要求。

6. 有助于提升公众信息生活的品质

档案是文化艺术宝库，通过信息技术搭建的平台，这座文化艺术宝库的用户数量正在呈直线上升。它不仅可以满足历史工作者的需求，还能够满足广大人民追根溯源的需求，可以提高其民族文化的认同感，提高其信息生活的品质。

7. 推动信息产业的发展

档案信息化对于软硬件产品的需求是推动信息产业发展的重要力量。同时，档案也是数字内容产业的原始素材，部分历史档案可以做增值开发。

（二）档案信息化的发展原则

档案信息化的意义深远，任务繁重，要实现它的稳定和快速发展，必须要遵循一定的原则。其原则主要有以下几项。

1. 注重效益

档案信息化的效益主要体现在两个方面：一是合理的投入产出比；二是工作成果的可持续性。国家和地方都非常重视档案信息化的发展，投入了大量的资金进行信息化建设。但是也出现了许多问题，如因格式选择不当导致电子文件无法阅读成为"死档"；对数字化对象的范围鉴选不当，导致数字化资源被束之高阁等。因此，档案部门要特别重视信息化效益，保证投入的有效产出比以及档案信息化的可持续发展。

2. 统筹规划

国家和地方以及行业都有必要开展相应的档案信息化规划工作。档案信息化是一个长期发展的系统工程，要素众多，投资不菲，为充分发挥各方面的积极性，避免重复建设和盲目建设，促进信息交换与共享，提高档案信息化的整体水平，需要对各阶段的目标、任务、措施进行总体规划和部署，分步实施，有序推进。

3. 需求导向

从规划到实施、从法规建设到标准制定、从系统开发到资源构建，都应切实以需求为导向，认真调研，广泛论证，集思广益。只有面向档案管理和开发利用的主要需求，解决工作中存在的实际问题，才能提高信息化项目的实际效果，实现合理的成本效益比，并有助于档案信息化的持续推进。

4. 保障安全

在电子环境中，档案安全保护的任务主要有保密并防止数字信息的丢失、失真和不可用。在信息时代，档案安全保护的难度加大，因此要在健全法规、统一标准的基础上，加强档案信息的安全保障工作，正确处理信息开放与安全保密的关系，搭建信息安全保障体系，从各方面全面维护数字档案信息资源的安全。

（三）档案信息化的基本特点

档案信息化是指利用信息技术对档案进行生成、管理和开发利用的过程。具有以下几个特点。

1. 它是动态的概念

信息化是一个渐进的过程，档案信息化会随着信息化的推进而不断发展。因此，无法回答某一国家、某一地区、某一行业、某一单位是否实现了档案信息化，只能分析档案信息化建设的状态和水平。

2. 它的前提是信息技术的应用

信息技术应用是档案信息化的起点，也是最基本的特征。信息技术在档案管理中的应用是全方位的，涵盖档案从生成到永久保存或销毁的整个过程，如电子文件的生成、纸质馆藏数字化、档案自动索引、档案信息网络检索等。

3. 它是一个多要素综合作用的过程

在应用信息技术生成、管理、开发利用档案的过程中，除了信息技术外，还有许多非技术因素在起作用，包括符合档案信息化要求的档案管理业务、人才、标准规范、政策法规、管理体制和机制等。档案信息化的成果，基本上取决于非技术因素的支持程度，取决于技术和非技术因素之间的匹配程度，而与技术本身的先进程度关系较小。

（四）档案信息化的建设内容

档案信息化涉及的范围非常广泛，涉及信息技术的创造、管理和开发利用等方面的各种活动。档案信息化的主要内容有基础设施建设、档案信息资源建设、应用系统建设、标准规范建设以及人才队伍建设等。

1. 基础设施建设

档案信息网络化与档案数字化是实现档案信息传递、交换、资源共享的重要前提，也是档案信息网络化的重要保证。

2. 档案信息资源建设

档案信息资源的开发与利用是档案信息化的基础与核心，也是一个长期而艰巨的任务。档案信息作为一种战略性资源，其开发与利用直接关系到档案信息化的成功与失败，同时也是评价档案信息化程度的重要指标。图书馆档案信息资源建设的重点是馆藏档案的数字化、电子文档的收集与接收。档案信息资源建设的主要形式有建立馆藏档案的编目中心数据库、建立各类文件的数字化档案、建立专用数据库等。

3. 应用系统建设

应用系统建设的主要内容有档案信息收集、档案信息管理、档案信息利用、档案信息安全等，它与档案信息化建设的速度和质量有关，也是档案信息化建设的效益和档案信息服务的效果的集中体现。

4. 标准规范建设

标准规范建设是指在电子文件的成型、归档以及电子档案信息资源的标识、描述、存储、查询、交换、网上传输和管理等方面制定标准规范，并对其进行指导的过程。档案信息化的标准规范就像是信息高速公路上的"交通规则"，对保障档案信息在电脑管理下的安全与畅通起着至关重要的作用。

5. 人才队伍建设

档案信息化的发展，离不开人才的培养。人才是最珍贵的财富。档案管理工作对档案管理人才提出了更高的要求，需要对档案业务有研究且熟悉信息技术的优秀人才。

第二节　档案信息化实施策略与建设

现如今，我国信息化发展进入新时期，档案信息化工作在稳步有序地推进，不过也面临着诸多问题和挑战，在此背景下，打造信息化档案、智慧化档案既是顺应时代发展的内在需求，又是推动档案管理产业转型升级的重要策略，更是应对发展挑战、解决发展问题的有效手段。

一、档案信息化实施的总体原则

档案信息化战略从信息社会的需要出发，服务于档案事业的发展方向，同时又影响和促进档案事业的发展。毋庸置疑，未来几年，档案信息化建设的步伐将逐渐加快，而要使信息化应用更深入、更普及、更有效，还需要从全国档案事业的高度制定切合档案事业发展的实施战略。开展档案信息化建设工作应该遵循的总体原则包括总体规划原则、分步实施原则、需求驱动原则和重点突出原则。

（一）总体规划原则

信息化建设涉及社会的每一个组织单位，社会的每一个组织单位都必须根据国家的信息化战略与目标来制定自身的信息化战略与规划，档案信息化必然成为其重要内容之一。因此，档案信息化的总体规划须纳入每一个组织单位的信息化战略规划之中。档案信息化总体规划的制定必须围绕以下几方面展开。

（1）须正确认识档案工作信息化在我国信息化建设中所起的重要作用。档案信息是信息化战略对信息资源开发利用的基础资源和信息源，而档案信息化又是新时代档案管理理念和手段的趋势。

（2）须明确档案工作信息化的基本目标。从其本质属性、价值功能来看，可将其划分为搜集、保存与提供使用两个层面。利用计算机和网络技术管理档案必然能够提高工作效率和提升开发利用档案资源的能力，那么"文档一体化""传统馆藏数字化""信息利用网络化""档案开发知识化"和建立辅助决策管理系统就是档案信息化的基本内容和目标。

（3）要研究和确定档案信息化的设备和保障条件。包括网络平台建设（档案管理局域网）、服务器及其备份设备、终端计算机（工作站）、扫描中心的数字化设备、数据库和相应的管理软件、技术保障条件和人力资源、工作场地和经费投入保障等。

（4）要按照工程建设模式确定实施措施、步骤和工作计划。

（5）须制定出一套对档案信息化进行评估的指标体系。具体内容有信息技术的应用广度和深度、档案信息资源的开发应用前景、信息安全的措施、信息化人才的需求与开发、信息化组织与控制、档案信息化的社会经济效益评估等。

档案信息化总体规划的制定必须做到更新观念、与时俱进，广泛调研、明确需求，立足现实、着眼未来，大胆创新、充分论证。

（二）分步实施原则

档案信息化是一个长期而复杂的系统工程，一方面，它需要依存于国家和单位信息化战略的实施，并作为其重要的组成部分；另一方面，档案信息化总体规划要立足现实、着眼未来，绝不是一蹴而就的事业。所以，应采取逐步推进的方针。档案信息化是一项系统工程，它的实施同样也是一项工程建设的模式。作为一项工程，它的各个建设内容之间存在着内在的逻辑联系，这也是分阶段实施原则的另一个重要原因。分步实施原则需注意以下几个方面。

（1）按照档案信息化总体规划，制定详细的阶段性实施计划。分阶段实施的计划，要综合考虑国家信息化战略的实施过程、档案管理和发展的需要、经费的保障、技术的支撑能力、人力资源的现状以及工作环境等。据此制定每一年的工作计划、项目的组织和管理办法。

（2）建立系统操作平台。该系统的操作平台分为两个部分，信息处理平台和信息交流平台。档案管理信息系统要充分考虑档案信息的特殊性以及绝对安全性的要求，实现与内部自动化办公网络的连接和授权管理，并与公共网络实现最高效的网络安全的隔离设计。一般情况下，档案信息的扫描与处理、归档信息的交换、档案数据存储与备份（迁移）等工作，仅能在内部自动化办公网络与档案管理局域网中进行，并需要与之相对应的档案信息处理与存储设备。只有那些可以为社会所知的档案资料，才能够被抽取出来，并通过公共网络，进行社会共享。在选择系统软件的时候，一定要充分考虑到档案信息管理和管理系统的需求，比如，对电子文件进行逻辑归档、建立数据库（数据仓库）、对档案信息进行目录查询和全文检索、对多媒体信息进行支撑、对安全管理和数据进行备份等。

（3）制定经营管理体系及业务规范。随着信息技术的发展，信息化对档案信息业务规范的要求也越来越高、越来越急迫。必须全面制定电子文件管理办法、元数据标准、逻辑归档的操作规范、安全管理体系等制度。业务标准是信息化建设和信息技术应用的重要依据和标准，它由技术的体系、工作的体系、组织的体系和工作规范组成，通常以国家、行业和地方的标准规范为依据，并根据企业的发展需求去制定。

（4）加强团队建设与专业训练。对于档案管理人员而言，档案信息化是一件全新的事情，要保证技术的应用和档案信息知识化、社会化的开发，就必须要突破传统的档案管理队伍的构建方式，要更多地重视对人才素质的培养，更多地关注多学科知识建构和合理的梯队结构。同时，档案信息化是档案管理现代化的必然趋势，因此，面对档案信息化挑战，必须加强专业队伍的信息化知识和技能的培训，更新知识结构，增强信息技术应用能力。

（5）建立档案资料的来源。对现有的电子文档进行逻辑归档，使现有的纸质文件经过扫描中心的电子处理，对传统的文献资料进行完整的数字化处理。根据文件归类的原则，建立文件归类数据库或是数据仓库，以实现文件的共享和开发。同时，尽可能将各个管理和业务部门现有的档案系统中的所有数据进行整合，并将软件与各个专业的管理系统进行整合，构建一个高效的数据整合体系。

（6）开放档案馆，以共享信息，并发展协助决策支援系统。档案信息化的基本目标是对档案资源进行深入和广泛的开发和利用，使其发挥出最大的作用，提供更多的信息给社会，使公开的档案资源知识化和社会化。因此要有效地提高档案管理的基础地位，让档案信息在管理活动中起到辅助决策的作用，并积极地为实际工作服务。所以，创建并开放档案共享信息系统，开发并应用辅助决策管理系统，编辑并开发档案信息知识化，是档案信息化的核心工作。在实现档案信息共享的过程中，要注意对档案进行保密识别与权限管理，要注意建立一套科学体系和数学模型，并保证信息的时效性。分步实施要实行分阶段的综合建设策略，对硬件、软件、人力资源等进行同步建设，做好电子文档收集、馆藏数字化的基础数据准备等工作，逐步实现系统资源共享、档案信息开发利用和知识化管理目标。

（三）需求驱动原则

信息化是时代的发展趋势，而每一个单位都需考虑行业发展需求和自身的现实条件，信息化战略的制定和实施必须遵循需求驱动的原则，因此档案信息化也必须充分考虑现实的需求，依据现实的条件和需求来制定规划，拟订实施方案。同时，要处理好现实需求与未来发展、建设能力与拓展空间、人力资源与现实信息技术水平之间的关系，遵循科学的发展观，实现可持续发展。

（四）突出重点原则

档案信息化是一个庞大的系统工程，不管是建立系统平台、购买信息化设备，还是对档案信息的收集与整合，以及开发、利用档案信息，都不是一朝一夕就能完成的，更不能"全面"地开展，而是要按照实际的需求、条件分步实施，特别是在如何深入、广泛地开发和利用档案信息资源方面，更应该坚持突出重点的原则。

从总体上看，实现文件整合，构建文件目录查询体系，是档案信息化管理的根本要求；实现馆藏文献的全文数字化，实现开放文献的全文共享，构建支持决策的管理体系，是实现档案信息化的较高水平的目标；建设数字化档案馆，建设数字化资源共享中心，实现档案工作的现代化，是档案工作的根本目标。

二、档案信息化实施的基本战略

（一）人才发展战略

人才发展战略是档案信息化建设的关键和先导，档案人才是知识型管理人才，在信息化时代应该是复合型、高素质的现代管理人才。人才发展战略有以下几个方面的建设途径。

（1）要对当前的档案工作人员进行培训，要精心挑选培训教材，制定培训方案，把培训工作作为一项重要的日常任务，并将其列入信息化工程的工作计划；同时，如果条件允许，还可以选择一些中青年管理人才，到高校进行委托培训，从而提高他们的现代管理能力、信息技术素质、信息服务能力等。

（2）引进急需的信息技术和信息化应用的专业人才，包括有经验的社会型人才和相关专业的高层次大学毕业人才，他们是加强档案人才队伍建设的重要推动力。

（3）选拔能力较强、综合素质较高的人员组成课题组，开展档案信息化的课题研究，创新理论，并结合本行业（单位）的情况进行子项目的研究和实践。

（4）整合 IT 行业的信息化人力资源，聘请专家、顾问提供技术支持和咨询。这一点是十分重要的，因为信息技术的发展日新月异，管理系统的拓展十分重要，应用软件的更新、升级周期不断缩短，不要追赶先进的设备，而是要及时更新理念和应用新的信息技术。

（二）需求驱动战略

以"需"为本，以"需"为导向，是实现档案信息化的关键。档案信息化建设的范围很广，是档案管理理论的延伸，是档案管理手段的变革，是信息社会的要求，它不是一项阶段性的工作。所以，要想要进行档案信息化建设，就必须以电子档案的形成和管理、共享利用的档案信息为基础，这样才能让需求驱动变成现实，才能获得与之相适应的发展环境。例如，在一个自动化的网上办公环境中，文档一体化是一种迫切需要；随着互联网的发展，人们将更加迫切地需要互联网上的信息服务；在利用电脑、网络进行文献检索的情况下，将会有全文检索的需要；还可以考虑将历史档案数字化以保存其历史价值；在政府职能转变的背景下，在科学、规范、高效的管理工作中，充分发挥档案信息的辅助决策作用将被提上议事日程。各档案馆应根据实际需要，制定相应的建设目标，循序渐进地进行工作，不断地改进。

（三）滚动发展战略

信息化的每一项工作，都要经历一个循序渐进、逐步完善的过程，不可能一步到位，也不可能一朝一夕就完成，要有一个"滚动"的发展战略。

信息技术的飞速发展要求档案管理应用系统的功能也要持续地进行改进和扩展。因此，不能一味地追求设备的升级，而要善于接纳新的思维和新的应用技术。

数字档案信息的积累工作是永无止境的，它也是档案信息化建设的最重要的一环，随着信息的不断积累，它所具备的资源会越来越丰富，它所能提供的服务范围会越来越广，它的发展潜力会越来越大，它的地位和功能也会越来越突出。所以，无论是文献集成、馆藏数字化，或是信息资源集成，都是一条不断向前发展的道路。

对于数字档案资源共享和开发利用而言，由目录检索、全文检索到社会化开发、知识化管理、辅助决策支持，从单份的档案信息到以对象管理为基础的信息链接加工，从本单位共享、行业共享、区域共享至全国共享、全球共享，以及对档案信息资源的开发等，都是一个不断增长和发展的过程。

随着办公自动化、管理信息化的发展，档案工作也将逐渐向"数字化""智能化"的方向发展。这些都是循序渐进的发展过程，而通过不断的发展，将形成档案信息的建设与发展规律，最终走出属于中国特色的档案信息化之路。

（四）应用普及战略

谈到信息化建设，一般会联想到资金的专项投入、设备的专门购置。事实上，一方面，没有信息化的基础设施建设就不可能开展信息化工作，另一方面，全国绝大多数档案专门管理机构都已经不同程度地购置了信息化建设基础设备，甚至也开展了一定规模的管理信息系统和信息资源建设。然而，只建设、不使用，或使用得非常浅显是当前信息化建设的一大问题，当前首要的工作是在应用的推广、普及和深层次使用上下大功夫，在项目的规划、计划中着力强调应用普及问题，将其纳入制度建立和培训工作中。必须在更新管理观念、改变管理手段、加强培训引导、建立健全制度方面上下齐动，要重点发挥领导和重要业务职能部门的关键作用。应用普及工作将关系到档案信息化建设的发展和生命力，关系到国家信息化战略基础性信息资源建设的成败。

（五）专业化服务战略

档案工作是一项与国家信息化战略密切相关的基础性工作，具有较强的社会性。仅仅依靠档案部门自身的力量，很难在各方面都达到战略目的，要想取得理想的成果，就必须依靠并与专业的信息技术服务公司合作，采用从咨询、规划、设计、研发、实施、培训等方面的外包方式，乃至从服务器和数据的专业管理和技术维护，到对计算机网络和软件的售后服务，以及对其进行更新升级，都需要建立在社会化的信息技术服务的基础上，这样才能让其拥有更大的发展空间，才能及时地解决在发展中遇到的种种问题，才能对档案信息产业化的市场进行有效地探索并促进其发展。

（六）产业化发展战略

档案是信息社会经济和发展的宝贵资源，档案记录着一个民族的文化遗产，同时，它也在构建新的社会文化。在文化产业发展的大潮中，我们不再将文化看作一种影响思想观念、风俗习惯、增强民族凝聚力的软实力，而应将其视为一种与科技同样具有重大经济和社会效益的珍贵资源。

在当今世界，在信息化、知识经济的背景下，信息资源将成为推动经济发展、转变经济发展方式的关键。档案作为一个原始的社会信息源，如何对其进行社会化开放以及开发利用，既是一个历史机遇，也是一个探索新思路的任务。在此基础上，提出一条适应时代要求的、具有生命力和"造血"功能的档案信息产业化的发展策略，为档案事业的发展创新了运行模式，也为经济发展提供了强有力的推动力量。

可以预测，在我们国家的综合国力越来越强，人们的生活也越来越富裕的情况下，市场上对于文化产业和信息服务的需求也会越来越多，有需求就会有市场。它不但不会成为我国档案工作发展的绊脚石，反而会对我国档案工作的信息化起到推动作用。档案信息产业化，既能从某种意义上解决档案工作投资不足的问题，又能从另外一个角度提高档案的价值，还能促进档案信息的知识化和社会化。《档案法实施办法》明确提出，"各级各类档案馆应当为社会利用档案创造便利条件。提供社会利用的档案，可以按照规定收取费用。收费标准由国家档案局会同国务院价格管理部门制定"。这也为档案信息产业化的发展奠定了法律基础。

档案信息产业化的方式可以通过不断地创新来实现，在初始阶段，一是对于向公众开放的社会资料，可以设立网上资料使用收费体系；二是能够根据国家与当地文化产业的发展需求，吸引更多的社会资本与人才，共同发展，实现知识产权与经济效益的共享；三是以档案为主题，以馆藏实物、影像资料等为主要内容，创造经济利益；四是面向企业、社会团体和个人，以收费方式向其公开的馆藏资料，开发新的信息服务；五是开展国际间的文化交流和合作发展，使其成为一种经济资源；六是可以运用现代科技手段，对珍贵的历史文献进行复制，并向社会提供有偿服务。通过以上这些措施，达到我国档案信息产业化发展的目的。

三、档案信息化建设的需求导向

档案信息化的建设，就是利用高速扫描技术、数据库技术等多种先进、成熟的技术，对纸质文档等传统文件和已经整理好的电子文件进行处理，从而建立起一个大规模、清晰、明确的档案信息库。加强档案信息化建设，是新时期档案工作现代化的必由之路，也是促进档案管理数字化转型、提升档案服务水平的重要途径。

（一）做好档案信息化建设的价值意义

档案信息化建设既是推动档案管理行业转型升级的内在要求，又是提高档案管理工作整体效能和质量的有效措施。从总体上看，档案信息化的意义有以下几点。

第一，提高档案馆的工作质量。传统的档案管理工作流程繁琐，形式陈旧，而且在很大程度上依靠人力。而推动档案信息化建设，能够在各种先进技术的支撑和协助下，实现对各种档案资料的统一扫描、自动梳理和实时共享，从而推动各种档案资源的利用水平持续提高，全面提高档案管理的效能和质量。

第二，满足人民群众的多元化和个性化的需求。档案不仅对社会发展起着举足轻重的作用，而且对人们的工作和学习也起着重要的作用。在新的时代背景下，推动档案信息化建设可以使档案服务的范围更广，使档案服务的内容更多元化，服务形式更丰富，从而更好地满足群众的需求。

第三，对档案进行自动化管理。在信息技术、大数据技术等的支持下，档案信息化建设能够对档案信息进行准确、合理的分类，并将这些信息制作成方便保存和检索的电子档案，然后将它们统一整理到档案官方网络平台上，方便用户进行检索。此外，推动档案信息化的发展，也可以防止由于使用者经常翻阅纸质文件而导致的损坏，使档案信息的安全性得到保证。

（二）档案信息化建设发展的必然所在

档案信息化是随着新技术的发展而产生的一种必然趋势。档案管理的工作量很大，具有很强的专业性，且使用频率很高，传统的档案管理工作流程比较繁琐，容易出现错误和漏洞，要花费很多的人力和物力。档案信息化建设将云计算、大数据、物联网、人工智能等技术充分利用起来，以高速、高效、高质的特点，有效地弥补了传统档案管理中的不足之处。档案管理信息化既是一种客观要求，也是一种必然行为。

信息技术融入档案管理和档案服务中。档案信息化已成为档案工作的一条必由之路，也是一个需要规范化管理的普遍存在。在现实生活中，不管是政府机关还是老百姓，对档案信息的需求都在不断地增长，对档案的使用频率也在不断地提高，使用范围也在不断地扩大，因此，档案信息化建设能够满足各种不同的需要，使档案信息的服务功能得到最大程度地发挥，从而推动档案事业的科学发展。

档案工作的发展离不开信息化。伴随着与档案管理相关的创新型科研成果的涌现，档案事业也经历了一系列的发展进程，而档案信息化就是其中一种技术变迁。档案信息化建设可以在信息挖掘和归纳整理等方面，充实档案管理的内涵，提高档案服务的品质，使档案在社会发展进程中的重要地位得到充分发挥，推动档案工作的转型发展。

今后数年，国家将全面加速档案信息化的建设，拓展档案信息化的应用领域，完善档案管理的标准化和规范化，建立一个技术先进、功能齐全的档案信息支持平台，培养一支思想先进、业务熟练、技术娴熟的档案工作队伍，推动档案资源的开发、整合、利用和共享，这既是中国的信息化进程的需要，又是新时代档案信息的发展方向。

（三）档案信息化建设面临的主要问题

1. 对档案信息化建设的认识不到位

档案信息化是指把传统的纸质文件转换成数字文件，并与信息化平台等技术相结合，从而达到档案信息共享的目的，提高档案管理工作的效率和科学性。在现代社会，信息资源的重要性日益突出，"共享""利用"是档案信息化管理的重点，而不是单纯地将档案妥善保管，方便查找，一些档案工作人员的观念比较陈旧，对档案信息化的认识还不够透彻，这在某种程度上阻碍了其发展。

2. 档案信息化建设的资源分配不均

档案信息化最基本的工作就是将纸质、音频和视频等档案转变成信息化再存储，其扫描和记录的精度将直接影响到信息化的质量，而这一切都离不开设施和设备的支持。从当前我国档案馆信息化建设的现状来看，很多档案馆在这方面还比较薄弱。由于没有足够的资金来进行档案信息化建设，造成了基层档案部门在软硬件方面的采购不够完善，同时也缺少专业的信息处理系统、专业的扫描仪、声像档案的采集系统、磁盘阵列和微缩档案胶片采集机等。此外，有些档案部门虽然拥有了一定的仪器设施，但因为思想重视程度不够，或者受到技术限制，并没有真正将这些仪器的最大效用发挥出来，造成了资源上的浪费。

3. 档案信息化管理制度存在缺陷

每一项工作的成功实施，都离不开一套科学、规范的实施标准与制度。当前，随着档案信息化的发展，传统的档案管理制度已经很难与新的管理需要相适应，新的运作制度不能及时地进行调整，档案管理制度的制定也不能及时规范，缺少了时效性与统一性。同时，监督机制还需要进一步完善，在档案信息化管理过程中，不能及时地发现并解决新的漏洞和问题。除此之外，安全体系也是不容忽视的一个方面，档案信息化所涉及的计算机、网络等，都存在着一些潜在的安全问题，还存在着机密文件的泄漏、丢失等危险，因此，需要建立一套科学、健全的档案数据安全管理体系。

四、推进档案信息化建设的根本举措

信息化是社会的经济、文化、教育和科技发展的必然趋势，它也是促进社会各个领域发展建设的一项重大的战略措施，是衡量一个区域城市现代化发展水平的指标。按照区域信息化建设的总体要求，各级档案管理部门应在国民经济、社会和组织建设的发展中，加快推进档案管理的信息化进程。

（一）把握档案信息化建设的特点

1. 规范性特点

档案本身具有规范化的特征。档案信息化是我国档案事业发展的方向，应该得到法律的保护。在建立和发展信息化档案管理机制时，由于牵涉到了许多电子资源，因此，在管理运作上也应该受到信息技术相关法律和法规的制约，特别是对企业的机密数据，更应加以规范管理，防止信息外泄。

2. 技术性特点

信息化档案管理和信息化建设的基础是技术，运用现代信息技术的优越性，既可以促进档案资源的有效利用，又可以保障档案管理的竞争力。例如，在单位的档案信息化建设过程中，将安全保障技术、压缩技术、大数据和云计算等技术运用到档案管理系统中，就可以切实有效地实现档案信息的安全上传、存储和交换，从而推动档案管理能够支持快速检索和在线操作等功能。

3. 资源性特点

档案管理信息化建设具有科学性、快捷性和方便性的特点，如果把它当作一项工程来进行，则需要信息技术和具有专业技能的人才。这些因素中，缺少任何一项，都会对档案信息化的建设和发展产生不利的影响。

4. 多元化特点

在档案信息化建设过程中，信息技术的运用呈现出技术特征和多元化特征。因为信息技术具有显著的优点，所以将信息技术与档案管理进行融合，可以增强档案管理的服务能力，使单一的档案功能向档案数据的整合、信息的推送和其他个性化管理服务方向发展。档案管理的公共服务功能也得到了突显，特别是一些单位以用户的服务需求为基础，为用户提供档案信息服务，并能形成纵向的推送。由单一的服务组，逐步向多个产业转移。除此之外，档案管理单位或部门之间的信息交流水平也在持续提高，以保证档案管理的信息收集、整理、数据的分析与调用的能力，利用先进的信息技术和载体形式，来满足更多用户的需要。

（二）档案信息化建设纳入国家信息化战略

信息资源是信息社会和知识经济时代的核心资源，档案资源是国家信息资源的基础性资源，信息资源建设必然成为信息化建设的核心内容，档案信息化建设必须纳入国家信息化的总体战略。

当前，整个社会对信息技术的认知程度在不断提升，信息技术的发展速度也在不断加快。各个地区、各个部门都在大力推进电子政务、电子商务和电子校务的发展，运用信息技术来提升政府的行政能力和监管能力，转变政府的职能，对传统产业进行改造和提升，缩小地区间的差距，改变教育管理手段、提高人才培养和科学研究水平，在文化卫生、社会保障等领域，不断推出一批以应用为主导，与需求紧密结合的信息化建设示范项目。

近年来，我国的信息化建设有 3 大特征。一是信息技术在我国得到了广泛的应用，信息化水平得到了明显的提升，其对经济和社会发展的贡献率也有所提高。二是信息化和网络化建设步伐加快，总体规模跃居全球前列。三是电子信息产品的生产规模持续扩大，在若干重要领域取得突破，其产量与出口额增速远高于传统工业。在取得成就的同时，我们也要清楚地看到，在信息化管理体制改革、信息化理论创新、信息基础设施建设、信息资源开发利用、信息技术普及应用、信息产业结构调整、信息人力资源开发等方面，还存在着许多问题。

对于广大信息化工作者，特别是从事档案信息化的工作者来说，更要客观认识当前档案信息化发展的形势，抓住机遇、更新观念、迎接挑战是进一步搞好档案信息化建设的前提。因此，要使档案信息化工作真正融入国家的信息化工作中，就必须从现实的角度来看，要解放思想，实事求是，敢于探索，这样才能使档案信息化工作得到更大的发展。

（三）档案信息化建设纳入规范化、模式化轨道

全国各级档案管理部门对档案管理信息系统建设进行大胆探索与实践，加强电子档案的标准化工作，研究互联网、软硬件、信息安全等方面的集成化管理模式，完善网上知识产权保护、公共信息资源管理、网络安全管理、电子签名、数据保护等方面的法律法规，预防和打击计算机犯罪和网络犯罪，以确保档案信息化建设向规范化、模式化的方向发展。

由于行业活动形式和采取手段的不同，各单位在档案信息化建设过程中会采用不同的操作系统、不同的网络数据库应用平台和不同的信息系统，还会形成多种格式的电子文档，这就给保存档案的管理部门提出了新的课题。一是档案行政管理部门必须结合国家相关的政策法规，优先制定电子文件归档、档案信息采集、整合和安全管理等方面的标准，加快建立、健全档案信息化标准的实施体系。档案管理部门要结合本行业（单位）的特点确定电子文件的标准，制定一系列电子档案鉴定、归档、保存、保管、利用的规范、标准和实施办法，保证档案管理的科学性和有效性，保证信息化工作的标准化。二是档案信息化工作制度的建立、健全，比如制定电子文件归档、电子文件操作规范、电子档案管理办法、数字化

工作方案、档案信息公开和上网安全等管理制度。三是制定有效的安全管理体系和安全操作规范，建立安全保障制度。在标准、规范和制度健全的前提下，逐步建立比较完善的系统平台，积累丰富的档案资源，实现最大限度的资源共享，通过建设模式的创新、法规制度的建立、立足现实和着眼未来的实践，把档案信息化建设纳入规范化、模式化的轨道。

（四）档案信息资源建设走向整合、集成与共享

目前，政府各部门在电子政务建设和应用中普遍存在"重概念、轻实效，重电子、轻政务，重新建、轻整合"的现象。各部门在公共信息资源的整合利用方面受到体制等因素的限制，难以发挥办公自动化系统的最佳功效，制约了政府公共服务水平的提高。在我国大多数地区，政府部门的电子政务建设基本上还停留在信息发布系统平台建设和信息交互网上"公文审批一流转（办公）"的阶段，很多地区还没有形成完整的信息化软硬件基础设施。孤立、封闭的体系结构，导致信息资源无法共享、数据格式不能统一、数据在多个体系中反复出现，原本应该相互配合的业务流程被人为地拆解、破坏，成为信息"孤岛"。其主要原因在于，目前还没有一个统一的政府服务平台，也没有对不同类型的系统进行有效的集成。

今后协同式电子政务将更强调灵活性、实时性，以体现"以人为本"的理念，以适应政府从"以管理为主"向"以服务为主"的转变。这就要求对政府信息资源进行最大程度的整合，实现跨区域、跨部门、不同流程的政府间协作。协同电子政务是利用系统应用、部门流程和信息之间的协同交互与共享，使电子政务的优势和作用得到更大的发挥，从而有效地解决在我国信息化建设过程中存在的信息"孤岛"和业务分割等问题，促进我国政府信息化建设的进一步发展。在此阶段，要通过一些实践，构建一个综合性的档案资源数据库，并在网上联合审批（办公室），使系统资源之间达到互联、互通和互操作性。

协同政务强调的是以政府工作人员的合作为中心，加强政府信息资源的共享、政府工作流程的优化和政府信息化系统应用的集成，它是目前电子政务技术应用的最高层次。在实现信息资源共享方面，档案信息化和档案信息资源建设将起到关键性作用。

所以，从信息化建设和发展的角度来看，档案信息资源的建设是其重点。在档案信息资源的建设中，不管是在实施的方式上，还是在有效地收集和使用信息资源的过程中，都要把整合、集成和共享作为其出发点和归宿，这样才能保证档案信息化持续、健康、高效地发展。

（五）档案人才队伍建设向复合型、高素质方面发展

档案信息化是一项全新的事业，也是一项综合性的工程，需要我们在很长一段时间内去正视并坚持下去。档案信息化建设牵涉到信息技术的软、硬件和网络系统的建设手段，信息资源的积累、整合和开发利用的建设目标，也就是手段与目标两个方面，但其核心力量仍是人才队伍的建设。档案信息化工作的成败之道在于人才队伍的建设，在档案信息化工作中，要坚持以更新传统观念与知识结构，提高综合素质和信息技术应用能力为首要任务。在档案工程的实施中，档案人员可以通过不断地学习和借鉴国际上的先进信息技术，在学习中进行实践，从而使档案管理的现代化程度不断地提升。

实现复合型、高质量和协作性工作是档案人才队伍建设的重点。"复合型"包含两个层面的意思：一是要突破以往档案人才队伍的结构，在队伍组成上要更加重视各学科之间的相互补充，不能只局限于历史、档案等传统学科，而要重视管理学科、信息技术等领域的人才。二是对团队进行知识更新与技能扩充，要强化对电脑应用的基本知识、数字化技术知识、网络技术知识、现代管理技术知识的学习和培训，每一位档案工作者都需要懂得档案信息管理知识和信息技术应用知识，在对行业管理及要求进行纵深认识的基础上，在档案工作与信息科技相结合的水平认识的基础上，业务学习及训练有了新的内涵。所谓"高质量"，就是指企业应具有综合素质，能适应信息化的挑战，能运用信息化的技术，能有效地利用信息资源。以更新的观念、把握时代的全局、明确历史的责任为基础，以更新知识、掌握信息技术、创新管理理论为基础，以更新手段、积累信息资源、广泛开发利用为基础，立足现实、注重需求、勇于创新，建设一支能把握机遇、迎接挑战的人才队伍。所谓的"协作性"工作，就是要对网络环境进行充分利用，让各种类型的人才进行协作，从而将个体的优势发挥出来，提升工作效率。

第三节　档案信息化管理实现路径

随着经济和社会的飞速发展，网络也随之产生了巨大的变化。在实践中，档案管理的方法也是随着时代的发展而不断更新的，信息技术的快速发展也给档案管理带来了新的管理思路和方法，使档案管理变得更加方便、高效，同时也推动了相关产业的转型。

一、加强档案信息化管理的现实意义

档案是单位的一个重要的管理系统，它记载着一个单位的发展过程和优秀成果，为单位的管理与决策提供了依据。在信息时代来临之际，用人单位实行档案信息化管理，可以提高档案管理的效率和质量，使档案的价值得到最大程度的发挥，从而更好地为单位的长期发展服务。对档案进行信息化管理，其意义有以下几点。

第一，有利于提高单位档案工作质量。随着信息化时代的到来、档案信息资源的日益丰富，传统的档案管理方式已经不能满足这种发展的需要，并且需要大量的人力、物力、财力。如果能够实行档案信息化管理，就可以使用电子扫描技术，将纸质档案转化为数字档案，并将其存储在计算机系统中，就可以节省存储纸质档案所需要的空间和成本。与此同时，还可以利用先进的网络信息技术，将其应用到档案的管理工作中，从而达到对档案进行快速分类、查找和利用的目的，可以极大地提高用人单位的档案管理效能与水平。

第二，有利于最大限度地发掘档案信息资源的价值。档案的价值是不容置疑的，实行档案信息化管理，更能使档案的价值得到最大程度的发挥。具体地说，实施档案信息化管理，实质上就是将档案管理工作与大数据、云计算、人工智能等先进技术相结合，更好地为企业开发利用档案信息资源、提供技术支持。一方面，在以档案信息化管理模式为基础的前提下，可以将单位的档案管理信息系统和政府有关部门的业务系统进行连接，从而可以实现档案信息资源的共享，为有关部门的业务工作提供档案信息的支撑。另一方面，通过实行档案信息化管理，实现档案信息共享，还可以相互借鉴，取长补短，这有助于单位档案管理信息系统的进一步完善，从而更好地提高档案信息资源开发的利用率。

第三，有利于提高企业发展的决策水平。在实行了档案信息化管理模式之后，企业可以将其过去工作开展的具体情况，以数据化的方式保存在档案系统中。这样，该单位就可以按照自身发展计划，利用大数据、云计算、人工智能等先进技术，来对档案资源进行开发利用。与此同时，该单位的管理人员也可以通过这些数据，了解过去工作的开展情况，以及该单位的发展经验，从而制定出更有针对性的发展计划和决策，从而确保该单位的长期健康发展。

二、影响档案信息化管理的安全问题

（一）病毒干扰档案信息化管理的安全问题

在档案信息化的进程中，伴随着计算机网络技术的不断发展和升级，相关的计算机软件受到计算机病毒攻击的情况时有发生。由于网络技术的开放性和大众性，病毒已经成为对档案信息化管理威胁最大的一种因素。病毒可能潜伏在文件系统中，并附着于文件系统，给文件系统的信息安全带来很大的威胁。它们会导致档案信息遭到不法分子的盗取和篡改，导致档案信息遭到破坏，档案信息化管理系统发生故障，严重的还会导致整个档案信息化管理系统瘫痪，造成重大损失。要保证档案信息化管理的安全，首先要解决网络病毒问题的干扰，要加强对病毒干扰档案信息化管理的安全问题的重视。

（二）传输过程中干扰档案信息化管理的安全问题

在现代信息技术中，档案信息技术是一个非常重要的组成部分。档案信息是通过网络进行传输和共享的，在传输的过程中，会给不法分子可乘之机，也很容易被各种突发情况所影响，例如，网络连接不畅、信息传输失败等。因为在传输过程中，档案信息有被盗取、修改等风险，因此，档案工作人员要更加注意对传输过程中对档案信息化管理造成影响的安全问题进行改进。要保证每一份文件都是准确的，不会有任何的错误，这样才能将文件顺利送到对方手中。

（三）保管过程中干扰档案信息化管理的安全问题

传统文件一般都是纸质文件，由于受保存环境的限制，纸张文件极易被蛀虫啃噬，又极易受到气候的影响受潮而出现破损等问题。另外，由于文件库中存放着数以万计的纸质文件，因此，要准确地查找到使用者所需的文件是非常困难的。相对于传统的文件而言，电子文件的保存和检索都要简单得多。因此，在实施档案信息化管理之后，不仅可以极大地提升对档案信息的查找效率，还可以降低可能存在的风险。在档案信息化管理中，要确保电子文件的不丢失，就必须重视其安全性。

（四）档案的真假性干扰档案信息化管理的安全问题

档案资料的真实性直接关系到档案信息的安全性。相对于以实体为载体的传统文件，电子文件具有易拷贝、粘贴、篡改等特点，针对其真实性和合法性的鉴定技术也更为复杂。假造的档案文件若被不法份子恶意散布，造成严重后果，将会损害有关企业或个人的社会形象。在传统档案管理中，档案文件要经过有关审计部门的审核和签字盖章，每个步骤都是按照正确的方法来进行的，因此这种质量检验的方法为判断文档的真实性提供了一种重要的保障。然而，在电子档案文件管理中，档案文件的真伪难以判定，电子档案文件极易被不法分子篡改、任意复制，从而相应地影响了档案的真实性，极大地增加了档案管理的难度与压力。

三、传统档案管理模式的局限性

（一）档案管理缺乏整体性

传统的办公档案管理方式通常是在办公室内设立 1 个独立的档案管理机构，或者在行政机关内设立 1 个档案管理机构，并配备 1 名全职或兼职的管理人员，负责对所涉及的关键单位进行管理。但是，在实际运作中，各种类型的文件都是以闭环方式进行的，这就造成了各种类型的文件都是分散在各个部门、各个经理的手中。这种管理模式的优点是，各业务部门能够根据自己的业务管理内容，对自己所涉及的文件进行有效地管理与应用；其不足之处是，管理人员对每个部门的档案都没有一个全面的了解，从而造成了档案的管理工作无法全面、系统地进行。

（二）缺乏有效整理归档

在传统的情况下，统筹档案管理部门能够做到有专人管理、有专人负责、有专人统筹、有专人监督，能够较好地完成对档案的整体整理与归档。但是，大多数企业并没有设立专门的档案管理机构，也没有专门的档案管理人员，他们在宏观层次上的管理依靠的是行政部门对部门档案的分层控制，但是他们所掌握的内容也仅仅局限于对部门档案的保存情况的了解，对于部门档案的整理情况和归档情况缺乏有效的掌握；而各部门的档案管理员，由于受到行政机关的宏观指导，只能实现档案的有效保存，但其整理、归档的能力却不强。这就导致了传统的档案管理模式在三个方面的缺陷：第一，没有形成一个扁平化的管理模式，不能对各个部门的档案管理状况进行科学的把握；二是对档案工作的认识不足，不能做到对档案工作进行科学的认识；三是单位档案工作的特殊性与目前单一的人力资源配置存在着矛盾。

（三）档案管理缺乏科学高效的利用性

档案应用是档案管理工作中的一个重要环节，包括快速查阅个人档案，查找、分析、研究、掌握单位发展历史。然而，在传统的档案管理模式下，工作需求的快速性和档案检索的缓慢性是相矛盾的。这种矛盾会使档案管理工作在个人的行为和意识上处于消极状态，从而使档案管理工作难以与单位的整体工作相协调。在较小的层面上，传统的文件利用效率较低，已对工作进度与计划造成明显影响。这一现象的产生，一方面是因为传统单位档案管理工作的逻辑习惯与工作特征，另一方面则是因为档案管理人员对现代化档案管理工作的认识不够，使档案与信息化之间的衔接和融合不够充分。

四、实现档案信息化管理的路径

在过去的档案管理方式中，主要以手工为主，档案管理的效率较低，且以纸质为主，不适合长期保存，容易出现丢失、损坏、信息不完整等情况，从而制约了档案的价值发挥。在信息化时代来临之际，现代化的信息技术为档案管理的革新创造了良好的条件，因此，档案管理人员要顺应潮流，及时改变陈旧的档案管理观念，积极引进先进的技术，从而使档案管理的效率和水平得到提高。

（一）信息化时代档案管理呈现的特征

在信息技术条件下，档案管理工作具有如下特点。一是档案工作以数字化为主。随着 OA 软件的推广使用，电子文件的数量在增加，而传统的纸质文件却在下降，电子文件正逐步成为单位文件管理的主体。第二，档案的搜集与利用是档案管理的重点。在传统的档案管理方式下，档案管理人员在档案的收集、整理与保管等方面花费了大量的时间与精力，造成了档案的管理效率低下，再加上档案管理的封闭性，也影响了档案的使用效率。但是，在信息化时代的背景下，数字档案的管理对象是最重要的，数字档案具有一定的虚拟性，其存储方式以计算机为主，还具备复制、传输的功能。正是由于这种特点，才使得档案管理工作者在做好档案整理、保存工作的同时，更要注重对档案的有效利用，以档案的搜集与利用为工作重心。三是档案的使用方法朝着网络化方向发展。在传统的档案管理方式下，纸质文件的使用必须由查档人员亲自到档案馆进行现场查阅，而且只能由一个人进行操作，造成了档案使用效率低下。但是，在实行了档案信息化管理模式之后，就可以将纸质文件转化成数字文件，并充分发挥数字文件的传输功能，从而可以有效地提高档案的检索和利用的便利性，既可以提高工作效率，也可以提高档案的使用效率。

（二）云计算技术在档案信息化中的应用

云计算是当前信息技术领域的热门话题之一，正受到社会各界的高度关注，并将使档案信息化面临一系列新的机遇和挑战。目前，档案信息化面临资源整合难、数据集中难、系统运维难、资金投入难、人才引进难等诸多难题，云计算技术的出现，将为档案部门走出困境提供新的思路。

1. 档案信息化基础设施保障

由于经济水平的差异，不同地区对档案信息化建设的投入也存在较大差别。经费紧张的地区难以满足基础设施建设的需求，而经济发达地区的基础设施资源存在闲置的现象。为此，档案部门可以采用云计算的"基础设施即服务"方式，将档案的服务器、存储等设备集成到"云"平台中，为不同层次的档案馆提供基本的服务，既能避免在设施建设中的重复投资，又能为技术薄弱的档案馆降低系统的运行成本。

2. 档案信息化业务平台保障

档案管理应用系统的研发和运维需要档案部门投入大量资金和人力，尚且难以确保应用系统的质量。采用"平台即服务"模式，各级档案部门可以集中使用资金和优秀的人才，研制和推广通用的档案管理软件，既可避免软件重复研制的资金投入，又可通过通用软件的推广，改变过去因重复建设造成数据异构、平台异构、流程异构，档案信息资源难以互联共享的弊端。

3. 档案信息化高效利用保障

如何通过档案的社会化服务，增强档案的社会利用价值，提高社会的档案意识，是新时期加强和改进档案工作的重要课题。

依托部署在"云端"的档案资源管理体系，公众可便捷地获得数字档案资源，并开展不同专题的档案编研；也可以将家庭档案和个人收藏制作成精美的网络展览推入"云端"共享；还可以利用"云端"提供的"一站式"检索功能获得跨专业、跨地区的档案信息。

在国家档案局开展的"中国档案云"项目中，已建设了以云计算技术为依托，覆盖全国各级综合档案馆，为社会提供统一查询利用开放档案信息的专业化平台，该门户网站被命名为"中国记忆"。

（三）大数据技术在档案信息化中的应用

1. 档案数据高效存储保障

目前，馆藏数字档案量已经从 TB 级别跃升至 PB 级别。同时，由于科技进步而产生的数据也具有分布、异构的特征，有多种类型的数字资源，包括结构化、非结构化、半结构化的数据。文本、图片、表格、图像、音频、视频等非结构化的数据，电子邮件文件等半结构化的数据，均不适合用二维逻辑表来表示。

对于海量、多样的档案资源，传统的关系型数据库已不能满足其组织和管理的要求，亟需引入大数据管理系统，实现对档案的分布式存储和快速检索。以 Hadoop、NoSQL 等为代表的大数据存储方式，其共性是充分发挥了硬件资源的优越性，采用了可扩展的并行处理技术，以非关系为基础的大数据存储方式，对大数据的高层次分析与可视化处理等。

2. 档案数据价值挖掘保障

如何从海量的信息资源中提取和挖掘出有价值的信息，并将其以一种更容易被大众所接受的形式呈现出来，成为当前档案工作者面临的一个难题。大数据时代为档案馆工作人员提供了新的方法和途径。

档案工作者可以利用大数据技术，在大量的档案数据中找到关联，并从多个角度对其进行聚类和归类，以多维度、多层次的形式呈现档案数据，并将非结构化的数据转化为结构化、半结构化的数据，让用户更准确且容易地获取档案信息。如有需要，可利用可视化技术，将最后的成果以图形的形式呈现出来。在大数据时代，从大量的数据中对隐藏的知识进行分析，从而决定了档案工作的水平和方向。这就意味着，在大数据时代，档案工作的重点将转向对档案资源进行数据分析和数据挖掘。

3. 档案数据高效利用保障

大数据环境下，档案工作服务注重时效性与便捷性，以大数据为基础，可以为实现智能化、个性化、精细化的互联网信息服务提供支撑。以网络技术为基础，实现档案信息智能的检索服务、档案信息的决策服务和档案信息的跟踪和推送服务。运用现代信息技术，改变了传统文件分类法中的很多弊端，使我国的档案工作进入了一个新的阶段。

第四章　档案数字化管理工作研究

随着信息技术的飞速发展，档案管理的目标已经从传统的纸质档案转变为以数字形式存在的档案信息，档案数字化成为档案事业发展的关键所在。因此，推动档案数字化建设显得尤为重要，它是档案信息化建设的核心内容和基础工程。本章内容为档案数字化管理工作研究，依次介绍了我国档案数字化的实施状况、档案数字化管理工作方法与要求、数字档案馆建设与档案数据库管理、电子档案管理模式的应用四个方面的内容。

第一节　我国档案数字化的实施状况

一、纸质档案信息数字化实施状况

数字化工作是一种将纸质档案转换为电子文件的方法，它通过扫描技术将档案信息存储在电子存储介质中，并将其与电子文件相结合，以便更好地管理和利用。数字化工作涉及多个步骤，包括从纸质档案中提取信息、进行数字化处理、建立目录和数据库并对其进行图像处理。最终，这些步骤都需要通过验收和移交来确保数据的准确性。数字化工作的目的在于满足社会信息需求，提高档案管理的效率。当前，我国正在大力推进纸质档案信息的数字化，但也存在以下几个问题。

第一，数字化标准尚未完善。纸质档案的数字化实施具有极高的综合性和复杂性，目前存在着两个主要问题：一方面，缺乏统一的规范标准，这导致了档案信息管理系统缺乏一些关键程序的实施标准，而且各地区实施的数字化情况存在明显差异，从而使得电子档案的移交、处理等操作变得更加困难。由于缺乏明确的规范，数字化评估的标准存在较大差异；另一方面，尽管数字化标准具有较高的预见性，但由于数字化工作众多，而相应工作标准的创建往往处于静止、稳定的状态，因此，随着时代和科技的发展，必须对其进行调整和改进，以确保其能够跟上实际应用的步伐，否则，其滞后性将会变得更加明显。

第二，数字化技术正在带来安全风险。这些风险主要表现在档案安全、信息安全、外包安全等方面。特别是档案安全，它关乎着档案的完整性、安全性，如果没有得到妥善的保管，就可能导致文件的损坏或文件丢失，另外，如果操作不规范，或者质量检查结果不合格，都可能对档案安全造成严重的威胁。此外，档案信息安全也非常重要，它关系着文件的完整性、存储状态以及文件的安全性，因此必须采取有效的措施来确保文件的安全。与传统的纸质文件相比，数字档案更加便捷、高效。尽管数字图像的使用具有一定的便利，但它仍然存在着被非法人员盗取、破坏的危险，这些行为极大地增加了信息泄露的风险，从而导致设备故障等问题出现，严重影响数字图像的正常使用。此外，数字化外包的安全性也存在着严重的问题，由于外包机构的工作人员专业技能及素质参差不齐，缺乏档案安全意识，再加上档案部门对保密资质的重视，以至于在数字化进程中忽略了安全保密的重要性，甚至对档案材料的保密操作漠不关心，任意连接网络，这些都给数字图像的使用带来了极大的威胁。如果处理涉密档案不当，就可能导致严重的安全风险。另外，如果内部监督缺乏有效性，或者内控管理体系存在漏洞，也可能给档案工作带来负面影响。

第三，数字化处理过程中存在质量问题。这种情况主要体现在目录数字化和全文数字化方面。在目录数字化过程中，许多信息没有得到规范和完整的记录，也没有创建多级记录，这违背了《档案著录规则》，易导致纸质档案数字化工作质量下降。通过扫描、录入等技术，将原始文件转换为高质量的图像资料，在这一过程中也存在着诸多挑战，包括成本、环境、工作量以及人力等因素对最终结果的影响；由于档案部门过分依赖于成本控制，导致了工作效率的低下；另外，由于工作人员的专业技能水平低、操作技巧不够熟练，导致其很难发现档案风险和问题，因此，必须及时纠正并加以改善，采取更有效的措施，如修订、重新编辑等，从而保证教学化处理过程中档案的质量。

第四，在数字化过程中，我们必须考虑到许多重要的法律因素。这些因素包括法律效力、著作权、隐私权等。在进行数字化时，必须确保档案的完整性，并且在进行处理和保存时，能够得到合法的法律支持。除了拥有丰富的档案材料，还有许多涉及著作权和隐私权的内容，因此，在使用网络技术制作的文献资料时，如果涉及个人隐私，必须经过当事人的授权，方可将其公之于众，从而提高档案管理的安全性和合法性。

二、照片档案信息数字化实施状况

（一）照片档案信息数字化实施背景

照片档案是一种记录社会历史的重要方式，以静止摄影影像为主要表现形式，具有保存价值。照片档案分为传统照片和数码照片两类。数码照片可以方便快捷地存储信息，但是传统照片档案由于保管条件过于严苛，检索和利用也非常不便，因此，企业档案部门应该采取措施来改变这种状况，以更好地保存和传递历史信息。

随着时间的推移，传统照片会出现褪色、渗化等问题，而且它们对温、湿度的要求也很高，必须经常通风或翻动，否则就会发生霉变和粘黏。传统照片大多是档案人员手工操作存放在相册中，不仅耗费大量的时间和精力，还占用了档案库房的大部分空间。尽管有些照片内容相关，但由于规格和存储条件的限制，它们必须分开存放，这使得它们失去了连贯性，难以查找和利用。此外，在借出照片后，如果使用不当，还会导致底片损坏和污染，这些问题都给照片档案管理工作带来了极大的挑战。

数字化照片档案可以永久保存信息，扫描精度高，质量稳定。将照片档案存储在计算机硬盘或光盘中，有助于保护档案原件。数字化照片档案还可以提供方便快捷的使用方式，扩大其应用范围和效率。

（二）照片档案信息的扫描输入及影响因素

与传统的文字信息档案不同，照片档案主要由图像文件组成。当需要将这些档案扫描输入电脑时，有许多可供选择的方法，但对于以图像文件为基础的照片档案，只能使用两种扫描输入方式——档案管理人员可以通过扫描仪或数码相机来获取照片档案的数据信息。但不管采用何种方式，都必须确保扫描输入的准确性和完整性，因为这些照片本身就具有数字化特征，可以帮助我们更好地了解档案信息。另外，多种因素会对图像文件造成重大影响。

首先，分辨率对于照片档案的质量至关重要，它可以帮助我们获得更清晰的图像，并且可以节省储存空间。因此，在进行扫描输入时，应该恰当地控制分辨率，以保证照片档案的质量。如果过分关注照片档案的数量，可能就无法获得优秀的图像质量。同样，如果过分追求照片的质量，就可能无法收集足够多的照片。

其次，色彩位数对于照片档案的扫描输入质量至关重要，它决定了图像的颜色数量和层次。如果色彩位数足够高，就可以获得更加逼真的图像，如 24 位的扫描仪可以准确地辨认出 1600 多万种颜色，这大大超出了人类的视觉辨识能力。为了获得最佳的色彩位数，扫描仪是必不可少的。此外，数码相机的质量也是影响色彩位数的重要因素，因此，在拍摄具有数字特征的照片时，应该尽可能选择性能更优的数码相机。

最后，灰度级是一个重要的概念，它反映了照片档案的亮度和对比度。它可以帮助理解照片的颜色和质感，并为我们提供更多的视觉信息。一般来说，照片的灰度越高，表示出的颜色和对比度就会越强。尽管提升灰度级可以带来更优质的图像，但过分依赖于它也会导致性能的大幅度损失。如果只关注于提升灰度，而忽略了其他方面，最终的结果将无法达到最佳的性价比。目前，对于黑白照片，只需使用 256 级的灰度级就能够进行处理。但对于彩色照片，可以使用 24位真彩。

三、录音录像档案信息数字化实施状况

录音录像档案具有内容真实客观、生动纪实、声情并茂的属性，有非直读性、易消磁、寿命短等特点。录音录像档案磁记录技术，是以磁性介质为记录载体，通过利用电磁感应原理，将声音和图像转换为电信号，从而产生一种磁场，将磁性介质磁化，从而实现信息的记录和可重复播放的技术。录音录像档案信息数字化实施状况如下。

第一，随着时间的推移，录音录像带的载体已经从传统的钢丝带、磁带、半导体等逐渐演变为现在的数字载体。这些变化使得录音录像带的技术和设备得到

了广泛的应用。然而，由于当时缺乏统一的行业标准，"各自为政"的公司不得不推出自己的录音录像技术和设备。随着录音录像技术的迅猛发展，许多传统的录音录像方式已经无法满足当今的需求，从而使得"死档案"等格式的录音录像带无法在现有的播放设备上播放，从而影响了观众的视听体验。由于各厂商的录音录像格式存在差异、技术发展迅速、播放设备老旧不全等原因，使得档案信息数字化工作面临着极大的挑战。

第二，录音录像带档案具有显著的优势，它的存储容量极大，可以节约空间，方便传输和使用，但是，由于载体的稳定性较差，寿命较短，容易受到外界因素的影响，使得保存条件要求更加严苛，从而无法实现长期的保存。大多数磁带的带基和黏合剂都是高分子化合物，当它们暴露在强烈的紫外线（尤其是紫外线）的照射下，就会受到破坏，失去原有的特性，从而加快磁带的衰减。此外，灰尘也会使磁带中记录的信息受到磨损，从而导致重放时出现信号跌落、噪音增大等问题。

经过实践证明，优质的录音录像带的保存期限通常在10~15年之间，但是，由于保管不当，例如温度过高、湿度过大以及摆放不当，可能会导致磁带变形、变脆、发霉，甚至出现复印效果，从而导致重放信号的损失或失真。

第三，由于磁粉容易老化，因此，在使用这种硬磁材料制作录音录像带时，必须加入足够的外部磁场，以便使其达到饱和状态。此外，即使外部磁场被消除，磁粉表面也会保持相对较高的剩余磁力，且随着外部磁场的增加而增加。利用其独有的特性，人们可以使用话筒、摄像机等设备，将声音、图像（也就是音频和视频信号）转化为电信号，并由放大器进行处理，然后由磁头将其转化为磁信号，并记录在磁带上。如果有必要，可以使用相关的技术，将磁信号再次转化为电信号，并由放大器进行处理，最终由扬声器或监视器发射出声音和图像。

随着科技的飞速发展，尤其是声像技术的飞速进步，设备的更新换代也变得异常迅速。然而，由于商业模式的特性，当产品更新换代后，相关的设备就无法再次生产，从而导致设备损坏后无法找到配件和专业人员进行维修，这样一来，对声像档案的长期存储、保管和利用就变得极为困难。

第四，质量检查的过程复杂而耗时，不仅因为现代播放设备的快速更新换代，使得声像档案的长期保存和使用受到限制，而且由于磁介质的特殊性，为了防止老化粘连，根据《中华人民共和国行业标准磁性载体档案管理与保护规范》（DA/T15—95），保管人员必须定期使用录音机、录像机进行倒带和试听试看检查，以确保声像档案的质量，这也是一项艰巨的任务。由于任务量巨大，以及实施效果不理想，这项工作的成果令人失望。

第五，随着技术的发展，将模拟信号转换为数字信号的方法越来越多，其中最重要的就是模数转换技术，它的原理与传统的模拟转换相反，需要经历 4 个步骤：采样、保持、量化和编码。在数字音频和视频转换的过程中，为了获得更高的清晰度，需要使用一张质量更优的音视频采集卡，早期的音视频档案的图像质量不佳，而且当时的技术也不能满足当今的要求，因此，为了获得更加高清晰的数字化效果，必须采用更先进的技术，如使用更先进的音视频采集卡，并且配置更先进的转换接口，才能够有效地将传统的录像带信号进行数字化转换。

第六，标准出台不应时、操作缺乏遵循。2014 年年底，为了更好地推动录音录像档案数字化转换，国家发布了《录音录像档案数字化技术规范（征求意见稿）》，该规范明确了音像设备、计算机配置、存储设备等硬件设备的要求，以及文件存储格式和存储方式的建议，以及文件夹命名策略，并且给出了一系列的操作步骤，以确保数字化转换的顺利实施。

第七，由于缺乏专业的团队和资金，录音录像带档案无法与"新型"档案数字化相比，因此需要更多的专业设备和技术支持。为此，需要搭建一个完善的软硬件平台，包括各种格式的录音录像机、采集服务器、音视频采集处理软件、磁盘阵列等，以确保录音录像档案的数字化。随着时代的发展，传统的录音录像机已经逐渐淡出历史舞台，购买和收集这些设备变得越来越困难。目前许多设备仍然是广播级别的，这需要投入大量的时间和金钱。此外，其他数字化设备也需要一定的资金投入。

四、我国数字档案馆的发展与普及状况

数字档案馆是一种以数字网络为基础的有序管理系统，它涵盖了文件生命周期管理的全部过程，包括收集、创建、确认、转换、存档、管理和发布利用等，并以多种形式存储档案信息，共享网络资源，提供先进的、自动化的档案电子服务。

（一）数字档案馆发展的基础——计算机多媒体技术

在信息时代背景下，数字档案馆作为计算机多媒体技术发展的产物，立足于时代发展需求，实现了传统档案馆的质变。数字档案馆的建立主要借助信息时代背景下的计算机多媒体技术，它向社会展示了未来档案馆的发展前景，同时还使档案馆数字信息的收集、利用、共享与管理等工作领域得以有效拓展，为用户提供了更加便捷、高效的档案信息服务。数字档案馆采用最新的科学技术，如计算机、数据库、多媒体、数字影像、扫描仪和存储设备，将原本复杂的文件信息转换为可供查阅、使用和管理的数字格式，建立起一个完善的、高效的档案管理系统，从而更加便捷地实现文献的共享和管理。

（二）数字档案馆发展带来的变化

1. 档案载体的变化

随着办公自动化的普及，电子文件已经成为档案信息的主流，它们不仅可以被计算机读取、存储和使用，而且还可以通过网络传播，从而极大地提高了档案的效率和安全性。未来，档案馆将主要负责管理电子档案，并将其转换为数字化的形式，以满足不断变化的社会需求。因此，档案的形式将从传统的纸质文件转变为具有可读性和可写性的数据。

2. 收集方式的变化

随着计算机、通信、网络技术等高新技术的不断发展，数字档案馆已经成为一种必不可少的产物，它将越来越多地依赖于网络系统。办公自动化的进步改变了传统的单机管理模式，使得档案管理系统成为办公自动化系统的重要组成部分，并将在未来发挥重要作用。

3. 实现文档一体化管理

通过一体化的文档管理系统，不仅能够实现电子文件的接收、归档，还能够为使用者提供更加便捷的服务。它不仅能够一次性解决用户单位档案的录入、整理、打印和在线检索等复杂操作，而且还能够显著减轻档案整理的负担，极大地提升工作效率。

4. 服务方式的改变

随着"馆藏"的普及，数字档案馆的借阅模式得到了极大的改善，无论是在办公室还是家里，都能够轻松获取到丰富的信息资源。此外，通过网络的应用，档案工作者也能够节省大量的时间，不再需要亲自查看目录和调卷，从而提高档案的整体效率，并且能够创造出更多的价值，从而促进档案的有效利用。

5. 保管方式的改变

由于数字档案载体的特殊性，保存它们的复杂性也就不言而喻了。档案工作人员需要定期对电子档案进行维护和保存，以确保它们的安全性和可靠性，使其能够长期保持可读性和可用性。首先，需要确保电子档案的载体安全，防止自然灾害和突发事件对档案信息的破坏，并定期检测和转存，同时还要注意保管磁盘、光盘等数字文件的物理环境，以免它们突然受损；其次，为了确保电子文件的可用性和可读性，应当加强对背景信息、相关信息及阅读电子文件所需的软硬件设备的保存，并采取有效措施防止信息丢失、被非法更改等情况的发生。此外，在网络环境中，还应当妥善处理好信息资源共享与保密工作之间的矛盾，以确保信息安全。

（三）数字档案馆理论实践发展现状

随着科技的进步，数字档案馆的理论研究与实践发展已经变得越来越重要，中国的档案学者们在这一领域的贡献值得称道。然而，由于数字档案馆的理论与实践尚未完善，而且受到传统档案馆模式的限制，这一过程仍是一个漫长而复杂的过程。

由于数字档案馆的发展受到社会需求的限制，理论研究的滞后，使得数字档案馆的建设缺乏明确的目标和系统性的框架，无法满足其制度、功能和技术等多方面的需求。随着信息理论和技术的发展，档案学也在不断变革，但由于理论和实践上的不足，档案信息的价值和功能尚未得到充分发挥。尽管社会对档案的认可度不断提高，但由于观念、制度和技术等方面的局限性，使得社会需求的增长速度较慢。

随着科技的进步，数字档案馆也开始受到越来越多的关注，但是由于经济和技术的发展不平衡，计算机和网络的应用尚未普及，许多人仍然需要通过继续造访传统档案馆查阅、利用档案，以获取更多的信息。由于数字档案馆和传统档案馆的主要功能不同，它们各自具有独特的优势，可以满足社会的需求，因此，它们之间将长期共存，互相补充、互相依存，从而使传统档案馆的社会服务功能得到延续。数字档案馆需要借助先进的技术和管理方法，以便更好地利用传统档案馆的资源。

数字档案馆的发展离不开其理论和实践体系的完善，它不仅能够保障档案信息的完整性，还能够满足社会的多样化需求，从而发挥其独特的作用。随着社会发展的不断推进，档案馆的服务范围也在不断扩大，从仅仅收集和保存国家机关和社会团体的档案，到开展工作查考、编史修志、学术研究等，满足社会公众的多样化需求，为社会发展提供更多的支持。数字档案馆的建立和运用依赖于数字化的档案信息，这与传统的档案服务模式存在许多差异。随着数字档案馆的发展，更新服务理念和方式显得尤为重要。为此，中国学者们积极探索，提出了"开放获取"的信息服务理念、"国家模式"到"社会模式"的服务转变、基于档案接受理论的档案服务理念、以知识管理为基础的档案服务方式，以期达到更好的服务效果。

第二节　档案数字化管理工作方法与要求

随着现代科学技术的迅猛发展，档案数字化管理已经被广泛地应用于各个领域，大大提升了工作效率和质量。因此，将先进的技术运用于档案管理，不仅有助于加快档案数字化的实施，还有助于提升档案管理的水平和质量，因此，深入探索和完善档案数字化管理的方法和要求，变得尤为必要。

一、认识和理解档案管理数字化

随着计算机技术的进步，档案数字化信息已经成为一种新的形式。它将各种形式的档案资源转换为数字化的存储和管理方式，从而提高社会效益和经济效益，提升办公效率和时效，实现最大化效能。

数字化档案管理是一种新的信息技术革命，它不仅能够满足时代的需求，而且还能够推动科学研究和教育的发展，为社会做出重要贡献。它具有深远的历史意义和现实意义。实践表明，数字化档案管理是迎接新一轮信息技术革命的必要步骤。加强数字化管理是信息时代发展的必要条件，只有这样才能跟上时代的发展步伐。当前，档案管理面临着严峻的挑战，但也为提高数字化管理水平提供了难得的机遇。数字化管理是必要的，尤其是在传统载体档案方面。

数字化档案管理是提升档案社会价值和经济价值的必要手段。通过数字化，我们可以更快捷地向社会和公众提供服务，并且可以让所有利用者共享这些珍贵的档案和文献，从而充分发挥它们的价值。传统的档案管理方式依赖于纸质档案，这需要大量的财力、人力和物力。由于人力和资源成本高昂，档案管理工作经常需要重复复印以获取所需的文件资料，导致资源浪费严重。数字化档案可以大幅降低信息使用成本，提高档案的社会和经济价值。

数字化档案管理是为了确保档案资料的安全。传统的纸质档案已经被转换为电子档案，无需再翻阅和复制原始档案，因此更加安全可靠。例如，在遭遇自然灾害或突发事件时，数字化档案能够有效防止损坏，并且能够提供最大程度的保护。通过数字化处理，档案能够得到安全保护，避免风险的产生。

二、开展档案数字化管理的问题和必要性

（一）问题分析

1.数字化档案管理人才不足

随着我国档案管理事业的发展，数字化管理方式已经成为一种必要的手段，但是在实际操作中，仍然存在着许多挑战。从理论上讲，数字化管理方式与传统的工作理念没有太大的区别，但是在实际操作中，却存在着较大的差距。因此，我们需要加强对数字化管理方式的研究，以解决这些问题。

首先，许多工作人员仍然需要使用传统的工作方法，而且由于他们的年龄和经验，很多人并不熟悉数字化管理，所以实施数字化管理的任务可能会非常艰巨。其次，许多年轻人对档案管理并不感兴趣。如今，将档案管理工作交给年轻人后，他们可能会觉得这项工作枯燥乏味，没有任何新鲜感，而且每天都要重复同一件事，因此，在当今信息化时代，许多年轻人都不太愿意从事这项工作。目前，我

国在档案管理领域存在着严重的人才短缺问题，尤其是在一些特殊行业，这种情况更为突出。由于缺乏数字化管理方面的专业人才，档案管理工作效率低下，容易出现许多失误，造成许多不必要的麻烦。

2. 专业档案数字化管理设备配备不足

随着我国在档案管理方面推出数字化管理，初期阶段需要投入大量资金来建立基础设施。然而，由于投入的资金难以在短时间内获得应有的回报，许多企业和事业单位并不愿意投入大量资金进行档案管理，甚至认为投入的资金最终都无法带来回报。因此，在推广数字化档案管理的过程中，资金方面的问题是一个棘手的挑战，导致推广工作进展缓慢。尽管许多企业和事业单位已经安装了数字化设备，但大多数仍然是老式的电脑和扫描仪，无法满足档案数字化管理的需求。目前，随着数字化管理的普及和推广，国家也提出了更高的要求和标准。随着时代的发展，在有限的时间内，实现各部门设定的目标变得越来越困难。

（二）根本意义

随着信息化时代的到来，计算机、互联网、大数据等技术被普遍应用于各行各业，不仅拓宽了数字产业的范围，而且还彻底改变了企业的工作模式，尤其是在档案管理方面，传统的人工模式已不能满足当今的发展需求，因此，我们必须跟上时代的步伐，充分利用信息网络技术，推动档案管理的网络化、信息化的发展，从而满足当今社会的发展需求。通过有效地进行档案资料的收集和整理，可以大大提高工作效率。

为了满足提高档案管理水平的现实需求，我们必须采取更加先进的技术手段。传统的人工档案管理方式，需要耗费大量的资源，而且难以保证最终的工作质量。相比之下，通过实施数字化档案管理，可以利用计算机和网络快速完成各项档案工作，从而更好地满足现代社会的需求。通过有效的人力投入，可以大大降低工作成本，同时也有助于提高工作效率和档案管理水平。

档案管理工作旨在通过利用现代技术，如互联网、大数据、云计算，来深入挖掘档案资料中潜藏的宝贵信息，从而帮助企业做出明智的决策，提升其服务水平。通过将档案信息有序地数字化，利用网络平台和资料数据库，为企业内部各个部门及其从业者提供全面、准确、优质的信息服务，从而满足社会发展的需求，这也是提升档案的必由之路。通过不断努力，我们可以使档案工作的效益达到最高。

三、档案数字化管理的要求

（一）存量档案数字化

通过数字化技术，可以将传统的纸质档案文件以数字信号和编码的形式展示出来，这是实现档案数字化管理的基础。此外，还可以对不同载体形式的档案信息，如录音文件、影像资料等，进行数字化处理，以数字化档案的形式显示出来，特别是音视频档案，应优先考虑使用高龄、独份和利用率较高的档案资料，以便更好地管理档案资源。为了确保数字信号的完整转换和还原，除了及时将其转存到计算机中外，还需要对模拟信号进行有效的处理。

（二）增量档案电子化

通过增量档案电子化，可以在文件阶段就实现电子形式的流转，从而避免纸质档案的产生，同时也要严格遵守《电子文件归档和电子档案管理规范》中的规定，以确保电子文件的有效归档管理。在操作中，需要注意到增量电子化并不仅仅是收集和整理纸质文件和电子文件。它需要经历三个阶段：一般化管理、规范化管理和智能化管理。这个过程中最大的挑战在于如何建立和实现前端控制。通过建立档案管理系统和实施办公自动化，利用这些平台软件，可以在电子文件形成之初就开始收集和归档，为正式归档做好充分准备，从而大大提升档案管理的效率。

（三）档案信息网络化

通过实施档案信息网络化，可以推动档案工作从传统的手工模式向计算机管理方向转变，并且取得良好的效果。为了确保档案信息网络化的安全性，应该高度重视档案信息的储存、传输和共享，并将重点放在档案储存和传输的安全性上，以确保数字化档案管理工作的顺利进行。为此，可以采用信息加密、身份验证、防火墙等技术，以确保档案信息的安全性。

四、档案数字化管理的方法

随着技术的发展，计算机已成为一种能够有效地处理各种复杂信息和数据的先进工具。因此，对于档案信息的整理、加工和记录，必须建立在精确、科学的原始数据之上，这才能保证档案的数字化管理。目前，尽管一些综合性档案馆已经开始尝试实施档案数字化管理，但由于前期基础设施的限制，仍有待加强。因此，政府应该采取更有效的措施，如加强档案标准化整理和规范化管理，以促进档案数字化的发展。

（一）避免重复、精益求精

由于综合性档案馆的档案进馆时间集中，数量庞大，无法实现对每份档案的逐份核查，从而导致许多重复的文件和价值不高的文件被保留下来，这将严重影响档案的数字化前处理，并且会消耗大量的存储空间。为了解决这个问题，档案馆应该制定科学、统一的归档标准，并加强对进馆档案的业务指导。为了提高档案数字化管理的效率，应该对组卷过厚、内容混杂的案卷进行拆分重组，并且只将有关联的文件组合在一起。此外，还应该重新加工那些没有页码、没有卷内目录、没有案卷标题或标题不清晰的案卷，以确保它们符合规范，为档案的查找和利用提供便利，并且在档案进入馆藏之前就能解决影响档案数字化管理的问题。

（二）依据标准、规范著录

根据 1986 年国家颁布的《档案著录规则》，结合档案馆的实际情况，我们应该制定出一套完善的著录规范，以确保档案数据能够被有效地传输到计算机系统，从而满足档案数字化管理的需求。为了确保著录的准确性，在著录时必须遵循统一的标准，包括题目的标题、作者、文种、必要的人名、地点和时间等要素。这样可以避免在检索时出现机构名称混淆、文章内容不符合要求的情况，从而使计算机无法正确识别。为了确保著录的准确性，应当对题名中的要素进行补齐，并删除冗长的赘词。此外，在著录时，应当统一文种，例如"请示报告"，该文种的规定是，对于需要批复的文件，应当写"请示"，而对于不需要批复的文件，则应当写"报告"，以便在检索中区分出每份文件的实质内容。通过计算机的多次输出功能，可以将关键词项中的人名、地点、时间和机构分别记录下来，为制作《人名目录》等检索工具提供可靠的基础。

（三）分级次、分类别著录

在记录过程中，可以将案卷划分为三个等级：首先，对于那些只关注某一个主题或没有太多参考价值的档案，进行案卷级记录；其次，对于一卷内涉及多个主题但又排列在一起的档案，进行文件组合级记录；最后，对于那些关键文件或反映复杂问题的文件，进行文件级记录。通过这种方式，不仅可以更好地了解档案的主题和特点，而且可以减少记录条目，同时节省时间、人力和财力。对于拥有完整的引文目录的案卷，可以在其中进行分类标引，而对于那些系统性、特殊性的档案，如"房产档案""案件"，可以将其中的人名、地址和时间等信息记录下来，并由计算机统一给出分类号。通过对档案目录的分类整理，可以大大缩短著录过程，极大地提升著录效率。

（四）用"关键词"替代"主题词"

"主题词"具备了规范化的特点，但是它的查询繁琐、效率不高，因此"关键词"可以作为替代"主题词"的选择，它可以通过提取文本的题目和主题，将相关信息标记，并将其输入电脑，使用电脑的大规模处理功能来实现。对于工厂的基础建设，"基本建设""基建"和"厂房建设"都是不同的观点，但是在计算机后台操作方面，"基建"将成为统一的标准。通过"活动增加"的功能，可以将一些不符合规范的词汇与主题词中的词义相同的进行合并，这样不仅可以大大提高标引速度，而且可以更准确地识别出主题词的词义含量，从而更好地实现分类管理。

第三节　数字档案馆建设与档案数据库管理

"电子档案馆""电子文件中心""无纸档案馆"也被称作数字档案馆，是一种将档案资源转换成数字形式，使其信息更加有条不紊，跨越时间和地域的限制，并且更加方便快捷地进行检索的服务。该服务由档案管理、文件中心和信息发布3部分组成。

档案数据库，顾名思义就是以档案本体为基础，利用数据库设计及发展应用对档案进行有效地管理与维护。它能将档案信息、管理信息、数据信息以及应用环境等信息进行很好地对比与分析，然后将不同种类的档案资源进行有效整合，为档案管理提供可靠的技术支持。

一、数字档案馆建设工作内容

数字档案馆的建立是我国档案管理的重要组成部分，它不仅可以帮助传统档案馆在当今网络环境中提升服务水平，而且也是各级档案馆实现信息化的重要途径。

（一）数字档案馆体系建设

基于国家信息化建设和档案事业的发展需求，我们正在努力构建一个全新的、具有深远影响力的数字档案馆体系，它将从宏观层面上实现对高校综合档案馆的数字化改造，从而更好地满足社会的需求。为了确保体系的有效运行，我们需要制定出一套完善的管理、业务、技术、协同工作等标准，以及实现信息集成、信息交换、应用集成的相关流程，并且搭建起一个统一的数字档案馆门户，以实现信息资源的有效整合和共享。在微观层面，我们需要清楚地确定数字档案馆的基本设施、安全保护措施、资源分配的权限和标准，以及业务流程和应用系统的功能需求，以便优化资源分配，避免重复投入，提高数字档案馆建设的科学性和有效性。

（二）数字档案馆基础设施建设

数字档案馆的基础设施建设主要有以下几方面。

1. 网络

为了保证网络建设的有效性和可持续性，应当遵循以下原则。

（1）标准化和规范化。为了确保不同厂家设备和应用之间的互操作性，应当选择符合国际标准的网络接口和协议，以提供一个开放的环境。

（2）整体规划与安排。以全局视野和综合考虑，结合数字档案馆的地理位置和通信条件，制定出一套完善的网络建设方案，以确保网络系统的总体架构、服务功能、经费预算以及建设步骤的有效实施。

（3）可扩展性。为了确保数字档案馆管理系统的可持续发展，应该在经济合理的前提下，为其预留足够的接口，以便进行功能扩展。

（4）可管理性和可维护性。应该注重方便、实用和安全，以确保数字档案馆管理系统既易于管理又易于维护，以满足实际使用的需求。

（5）经济实用性。为了更好地满足经济实用的需求，数字档案馆应该根据当地情况，充分利用现有资源，并利用公共基础网络资源，建立统一的管理和传输平台。

2. 主机

主机需要考虑 CPU 的性能、内存和硬盘容量，以确保系统的可靠性、可用性、可扩展性和安全性，以满足不同的应用需求。

3. 应用服务器

为了确保系统的稳定性和可扩展性，应用服务器必须拥有一个容易开发和维护的环境。

4. 输入输出设备

包括高速扫描仪、胶片扫描仪、高清晰度的视频捕捉器、高清晰度的数字照片机、高清晰度的摄影机、高精度的打印机和 CD 刻录机。

5. 数据存储设备

为了保护重要资源，存储体系应该考虑容量、应急能力和兼容性。在选择存储方式时，应根据数字档案馆的物理位置分布、存储对网络总体性能的影响、档案利用的特点以及网络现状进行综合考虑。

6. 数据库

服务器端要采用高性能的可用数据库软件。

7. 操作系统

应选用稳定、安全、友好、兼容性强的操作系统。

（三）数字档案馆资源建设

数字档案馆拥有多样的资源，主要包括以下几点。

1.目录数据库

包括各种档案资料的案卷级、文件级目录。

2.档案全文数据库

数字化处理可以将纸质档案资料转换为数字图像，缩微胶片也可以转换为数字图像，而电子文件则可以直接在管理与业务信息系统中使用。

3.档案专业信息数据库

涵盖了各种档案类型，例如居民身份证、教育档案、高级专业技术人才档案等。

4.声像档案资料数据库

汇总了各种图像、视频、文字等多媒体内容，可供用户查阅、分析、研究、参考。

5.档案编研成果数据库

数字档案信息资源产品包括重要文件汇编、年鉴、大事记、组织沿革、基础数据汇集、专题概要、人物传记、优秀学位论文汇编等。

6.网络数据库

这些资源可以通过签约付费的方式获得，并可以远程登录、在线利用，例如研究生论文数据库等。

7.因特网资源导航库

通过因特网资源导航库，用户可以轻松地搜索、选择和挖掘因特网上具有重要意义的信息资源，将其链接到数字档案馆的网页上，从而形成一个虚拟的档案馆。

8.用户信息库

用户信息库包含用户的基本信息和需求信息。

（四）数字档案馆应用系统建设

数字档案馆应该具备以下功能。

1. 档案信息采集

包括对馆藏档案进行数字化处理，并通过多种渠道收集和整理各类数字档案和资料。

2. 档案信息存储

包括存储、备份和迁移等功能。

3. 档案信息管理

档案信息管理包括分类、记录、编目、鉴定、统计、研究等。

4. 档案信息查询

档案信息查询提供多种方式，如智能查询、个性化服务、主题发布和订阅、存取控制等。

5. 档案信息发布

档案发布提供多种途径，如网络发布和光盘发布。

6. 网上收费

网上收费包括支付平台、银行转账、购买上网卡、微信支付、支付宝支付等。

7. 库房智能化管理

库房智能化管理旨在提高库房的效率和安全性，包括档案存储和出入库管理、环境控制等。

8. 内部事务管理

内部事务管理还需要实施信息公开、工作流程管理、设备管理、经费管理、人事管理和文件资料管理等措施，以确保库房的有效运行。

（五）网站建设

数字档案馆的网站建设是发布信息、提供档案信息资源集成利用服务的平台，是建设的重要内容之一。档案网站建设要美观大方、简洁明快、功能便捷、主题鲜明，应该具有科学性、知识性、美观性，充分体现档案馆神圣、凝重、休闲的文化形象，提升档案馆的影响力。网站建设的内容主要有以下几个方面。

（1）建立信息发布系统，及时发布档案政策法规、国内外档案工作动态信息，公布开放档案，展示主题档案信息。

（2）建立档案信息查询系统，设立特色档案资源库，便于用户对档案信息资源的检索利用。

（3）建立交流互动系统，及时收集用户的反馈意见，解答用户的各种问题，增强档案馆与用户之间的联系与互动。

（4）建立多媒体档案展示平台，利用多媒体档案内容的真实性、形式的生动性、传播的便捷性、利用的大众性等特点，以声像图文并茂的方式进行展示，提高档案信息资源的利用效率。

（5）建立移动档案馆，拓展网站服务功能，借助移动通信等流行的大众传媒，方便用户随时随地访问档案网站，接收数字档案信息，拓展档案信息的服务范围、服务能力和传播效果。

（六）数字档案馆信息安全体系建设

信息安全体系是一个复杂的系统，它包括技术、管理和运营三个方面。以技术方面为例，在数字档案馆领域，信息安全体系的建设涵盖了数字档案馆系统设备的物理安全、网络安全、系统安全和应用安全等内容。

（七）标准规范体系建设

标准与法规是数字档案馆建设的重要保障。一个完善的标准规范体系的制定，应该借鉴国内外先进的标准规范，优先采用相关国际标准，吸收、参考相关行业规章制度和技术标准，适时制定国家标准规范和行业标准规范，根据本地区的实际情况，制定相关的地方标准，逐步形成数字档案馆建设所需要的标准规范体系。

（八）人才队伍建设

建立一支高素质的人才队伍是数字档案馆发展的基础，因此，我们必须努力培养一支拥有丰富经验、熟练掌握计算机技术、熟悉数字化处理、熟悉信息安全、熟悉多媒体档案编研、熟悉数字档案馆运行及管理的专业团队，以确保数字档案馆的长期稳定发展。

二、数字档案馆建设存在的不足

（一）缺乏成熟理论的指导

随着科技的发展，数字档案馆的建设正在取得重大进展。然而，由于缺乏理论指导和实践经验，人们对数字档案馆建设的认知存在一定偏差，他们认为数字档案馆建设只是将馆内数据信息转换为计算机文件保存起来，这种错误的认知严重阻碍了数字档案馆的建设和发展。随着科技的发展，数字档案馆已经成为各类数据信息存储的首选方式，但是在某些地区，由于缺乏系统性的研究和组织体系的建立，以及管理模式的不完善，使得许多工作无法得到有效地开展。

（二）统筹规划和管理水平不足

尽管我国尚未制定具体的法律法规和明确的技术和管理标准，各地区仍在自行摸索建设，但是数字档案馆的建设正在取得积极进展，采用先进的技术和管理方法，并且已经建立了一套完善的统筹规划体系，以确保数据的准确性和可靠性。但由于管理水平的不足，大量的档案信息无法及时有效地利用，从而严重影响了资源的共享和利用效率。在数字档案馆建设过程中，由于大数据挖掘尚未得到充分深入，数据信息无法得到有效的优化处理，这不仅增加了工作人员的负担，而且也严重阻碍了数字档案馆建设的发展。

（三）信息检索系统有待完善

数字档案馆的应用已经大大改善了档案信息的利用效率，人们可以通过它快速检索、提取和利用信息，节省了大量的人力和物力。这种方式比传统的档案馆更加高效和便捷。当前的数字档案信息检索系统仍然存在许多局限性，无法完全满足用户的需求。例如，检索条目较少、检索路径设计不够合理为容易导致检索失败，检索效率低下。此外，在档案信息数字化方面也存在一些问题，例如文字用语和格式与系统不协调导致信息数字化质量下降，档案文件的内容无法被精确地呈现出来。

（四）数字化资源建设质量不高

随着科技的发展，许多档案馆正在努力推进数字资源的建设，使得文档的数字化水平得到了显著的改善。然而，由于现有的文件档案数量庞大，一些档案馆的文件数字化水平依旧偏低。此外，一些档案馆的数字化项目开展得比较晚，其中的一些成果，如著录标准、图像扫描质量、归档方法等，尚未达到理想的水平，无法被充分利用。

（五）档案智慧化程度不高

随着科技的发展，"十四五"规划将人工智能、大数据等前沿技术纳入其中，浙江省、甘肃省、河南省、福建省等地的档案馆也纷纷采取行动，建立起智慧型档案馆，以更好地利用这些前沿技术，实现更高效的管理。随着人工智能技术被广泛地应用到各个领域，如数据处理、信息搜寻、信息鉴定、信息恢复、信息推送、信息研究等，工作效率显著提升，但目前，许多数字档案馆尚未充分利用这些技术，需要进一步完善。

三、优化数字档案馆建设的方式方法

（一）掌握数字档案馆关键技术

数字档案馆是以计算机硬、软件技术为基础，以网络通信技术为支撑，并辅以各种高新技术而建立的一种集成信息系统。数字档案馆在信息的收集、存储、组织、管理和利用的过程中，必须借助各种高新技术。具体包括以下几个方面。

（1）档案数字化过程中的主要技术：文字图像扫描技术、光学字符识别（OCR）、视音频捕捉、多媒体信息压缩等技术。对于音频、视频以及静态图像、活动影像等多媒体信息必须确定数字化的规范格式。

（2）数字档案信息加工、组织和管理过程中的主要技术：多媒体信息标引技术、信息抽取技术、海量信息存储和组织技术、数据挖掘技术、数据集成技术、超大规模数据库技术等。

（3）数字档案信息发布和查询过程中的主要技术：多媒体数据压缩和传输技术、分布式资源与运行管理技术、图像与视频数据检索技术、基于内容的信息检索技术等。

（4）数字档案馆的安全和权限管理中的主要技术：防火墙技术、密钥技术、身份认证技术、数字签名技术、数字水印技术等。需要指出的是，在数字档案馆的建设过程中，对于维护档案信息的真实性、完整性和可靠性以及保密性方面有着很高的要求。如果档案在数字化和利用过程中丧失了其完整性和可靠性，那么数字档案馆存在的基础将会动摇。这需要在数字化过程中采用最佳技术尽量减少信息失真，并在信息传输和利用过程中采用各种安全保障技术。

（二）发展数字档案馆智慧服务模式

1. 以丰富的馆藏资源为依托

随着信息技术的飞速发展，我们正在努力整合传统档案资源，但要实现智能化服务，还需要从多个方面入手，包括档案标准规范、分类体系、文件格式、存储要求等，以满足智能化服务的需求。

为了更好地发挥档案信息资源的价值，应该加强数字档案资源的建设，并积极开展档案信息资源的收集、挖掘、整理、分析、利用，以期实现档案的有效利用，提升档案的智能化服务水平。以中国船舶集团有限公司技术档案馆档案工作为例，技术档案馆信息中心积极推动集团其他合作单位数字档案馆建设，采取了规范、系统、有效的技术措施，以期达到更好的效果。通过不断完善，该中心建立了一套完善的、能够满足多种需求的数字档案处理标准规范和技术体系。

通过采用先进的技术手段，如互联网、无线通信等，可以有效地避免盲目建设和"信息孤岛"等问题，从而使数字档案资源的收集更加高效、精准。因此，技术档案馆和合作伙伴应当建立完善的标准和技术规范，通过合理的协商，明确各自的职责，共同努力，实现档案信息资源的有效整合，从而达到更好的效果。

2. 以智能化信息技术为支撑

实现智能化服务需要依靠最先进的信息技术和相关工具。例如，云计算也被称为网格计算，它能够在极短的时间内（几秒钟）处理数以万计的数据，从而提供更强大的网络服务。这项技术拥有极强的可扩展性，它能够将大量的计算机资源整合到一起，让用户可以通过网络获得无穷的资源；此外，它还具备跨越时空的优势，让用户可以轻松访问更多的信息。

云计算可以提供两个重要的服务：存储和处理。它可以帮助我们更好地管理大量的数据，并且可以为我们提供更高效的存储方式。此外，它还可以帮助我们更好地管理那些需要安全保护的档案信息。总之，云计算可以提供多种服务，帮助我们更好地管理档案。云计算技术的运用可以大大提升档案数据的安全性、可靠性以及可持续性，同时也能够帮助企业更好地管理、协调、优化各类数据资源，从而达到最佳的使用效果。

随着网络技术的发展，工作模式发生了巨大的变化。档案资源的使用方式也发生了改变，从传统的实物利用转向信息利用。现在，通过网络连接、数字化存储和计算机系统管理来完成档案管理已经成为主流。互联网技术的发展为档案利用带来了全新的思路、模式和方法。因此，应该充分利用互联网的信息传输和服务功能，以便让用户更加轻松、快捷地进行档案检索、查阅和调档，从而极大地提升档案资源的利用效率。

大数据时代产生大量、复杂的数据，可以通过现有的软件工具和传统的分类方式来处理。它不仅可以帮助我们更好地管理和分析海量的数据，还可以帮助我们更好地挖掘、提炼、智能化地呈现信息。随着大数据技术的发展，档案不仅具有信息价值，还拥有数据价值。这种价值的产生源于对档案信息的处理、挖掘和利用，从而使得档案变得更加丰富多彩。

通过应用大数据技术，不仅能够深入挖掘现有的档案数据，从中发掘出更多的价值，还能够通过分析来满足用户的需求，提升档案利用服务的水平，最终实现档案馆的智能化服务。通过云计算和互联网技术，我们能够更好地存储、传输和处理数据。此外，大数据技术也能够帮助我们分析和挖掘数据。这些技术的应用将为实现数字档案馆的智能化服务模式提供积极的推动力。

3. 以用户的实际需求为导向

档案管理人员的专业能力和技能是数字档案馆智慧服务实现的关键因素。因此，档案部门应该重视引进优秀人才，并为他们提供培训机会，以提高他们的专业水平和技能。档案管理人员应该积极学习最新的信息技术，并且要改变思维方式，提高服务意识，树立智慧档案服务的理念。同时，要清楚地了解用户的需求，并客观地认识到，用户更希望能够获得智能、精准、便捷的档案信息服务。为了提升档案信息资源的利用效率和质量，数字档案馆应该采取智慧服务模式，不断调整服务方式，以满足用户的需求。在采集数字档案信息资源时，应该根据用户的实际需求，充分利用现有的条件，进行收集、整合和挖掘，提供个性化和智能化的服务，实现真正的智慧服务。

四、档案数据库安全管理研究

随着信息技术的不断发展，各级各层面的数字档案馆建设蓬勃发展，档案管理已逐步通过网络技术开展收集、整理和利用等工作，档案管理工作更加便捷、高效。但相比传统的档案库房管理实体档案的模式，网络环境下的档案数据库面临越来越多的威胁。

（一）网络环境下档案数据库安全管理问题

随着信息化社会的快速发展，许多重要的档案信息都开始采用网络信息化管理模式。这种方式不仅为我们提供了高效共享数据的便利，也带来了一定的数据处理风险。如果没有合理的管理，这些风险可能会逐渐凸显，甚至影响到档案数据库的使用情况。随着网络环境的发展，数据库安全管理面临着越来越多的威胁，如数据泄露、恶意删除和篡改等。这些问题不仅会影响档案数据库的正常使用，还会对档案信息造成严重的损害。

1. 管理人员综合素质比较低

随着科技的发展，传统的档案管理方式已经不能满足当今社会的需求。因此，为了更好地管理和保护档案，我们必须采用电子化的方式，将纸质文档转换为电子档案，并且实现数字化的存储和管理。档案管理人员应当具备良好的计算机技术，以便在复杂的网络环境中灵活处理档案数据。然而，目前仍有一部分人专业技能欠缺，特别是在计算机使用方面，他们缺乏熟练掌握数字化技术的能力，这将直接或间接地影响数字化档案安全管理的效果。

2. 缺乏完善的数字档案安全管理制度

经过分析，目前许多事业单位的档案管理部门缺乏相应的法律法规和国家级管理规范，使得数字档案安全管理制度混乱无序，档案管理人员的职责分工也不清晰，特别是针对不同部门，各自的管理要求和规定也存在差异，因此，为了更好地实现部门间的协调配合，提升部门之间的关联性，加强档案安全管理，必须加强档案安全管理制度的建设，以保障档案安全。通过建立一个完善的安全防护体系，可以更好地保障人民的生命财产安全，并且有效地实施安全管理制度。如果没有健全的安全管理体系，就可能导致档案使用和输入的记录缺失、管理混乱、管理人员滥用权力等问题。这将严重损害档案管理的效率，并降低档案数据的安全性。

3. 缺乏数字档案信息的安全性评估标准

在网络环境下，档案信息安全管理的重要性不言而喻，它不仅可以提高信息曝光率，还可以增强信息安全性，防止黑客攻击和信息泄露。此外，如果未按照相关标准和要求进行档案信息管理，或者忘记保存或上传，也会对信息内容造成严重影响。目前，大多数档案信息尚未建立完善的安全性评估体系，缺乏客观、可靠的指标来衡量其安全程度，这给电子化转换、扫描、内容接收等多个步骤带来了极大的风险，任何一个细微的差错都可能导致档案数据的损坏、泄漏，严重威胁着数据的安全。

（二）档案数据库安全风险影响因素分析

根据目前的安全管理情况，大多数的安全问题源于人为因素和环境因素。其中，人为因素可能是故意的，也可能是无意的，而这些行为都可能会严重影响档案数据库的安全性，从而导致数据的泄露和损失。环境因素是一个复杂的概念，它不仅涉及当前的政策制度、档案管理体系的构建，还包括软硬件设备的质量和网络环境，一旦出现问题，就会严重影响数据库的安全性，并增加信息泄露的风险。

1. 人为因素

对于档案数据库的安全管理，需要考虑到许多因素，包括第三方服务商、内部人员以及外部人士。其中，第三方服务商负责为档案机构提供信息化建设，并通过使用他们的专业知识来完成档案的录入和管理。在整个过程中，第三方服务提供者扮演着至关重要的角色。如果从一开始就存在信息泄露的风险，将会严重影响整个档案信息安全管理系统。此外，第三方服务提供者可能会直接接触到档案原始数据以及与之相关的电子设备和产品，而这些活动通常需要大量的人力参与，因此，如果不采取有效措施来防止这种情况的发生，将会极大地增加档案信息泄露的可能性。内部人员作为档案信息的拥有者，有权利直接使用和更改档案原始信息，因此，在档案安全管理上，我们应该加强对外部来源的安全检测，以确保内部人员的权益得到充分保障。如果档案管理制度不够完善，内部人员可能会滥用或故意破坏档案信息，从而影响档案安全构建。外部因素可能包括用户操作不当或恶意攻击，这些都会对系统造成严重影响。

2. 环境因素

在环境因素中，数据库管理系统的存储要求比传统档案管理更加严格，因为它们必须能够承受自然环境的影响，比如恶劣的气候条件、频繁的自然灾害等。因此，在考虑数据库存储时，必须特别注意自然环境因素，以确保数据库的安全性和可靠性。为了保证数据库信息的安全存储，我们必须注意对电子设备进行防磁和防火保护。除了考虑基本的环境因素外，还应建立日常维护机制，以确保电子库房的安全。

软硬件设备是数据库运行的基础，它们的性能和系统维护可能会存在漏洞，这可能会对数据库安全管理造成潜在威胁。目前，大多数数据库架构采用 B/S 或 C/S 模式，但这两种模式对网络连接位置的要求不同。在我国，大多数档案管理架构采用 C/S 模式，但在数字档案服务方面，这种模式的表现并不够显著。在应对网络安全挑战方面，我们仍有很大的提升空间。

（三）提升网络环境下档案数据库安全管理的措施

网络安全一直是互联网使用和建设中的一个重要挑战。为了最大限度地减少网络安全问题对信息使用的影响，应该从提高档案数据库的安全能力和管理过程两个方面入手，不断改进管理技术和手段。

1. 档案数据库安全能力建设

加强领导旨在提升档案管理的效率，并明确各方的职责。在网络环境下，我们应该加强对相关责任人的监督，以确保档案数据库的安全。同时，我们也应该深入了解档案管理信息化的重要性，并以此为基础，改变传统的档案管理思维模式，以期达到更高的档案管理水平。通过加强领导，积极推进档案系统的信息化，明确各方职责，实现档案管理的全面升级，并充分利用信息化技术，共同推动档案管理的发展。

为了确保档案数据的安全，我们必须加强对其安全制度的建立。这些制度必须包含多种方面，如安全分类、数据保护、备份、监控、应对等，这些都是实现档案数据安全的基础。首先，必须认真制定一套完善的规划和设计，并严格遵守

《电子文件归档与管理规范》的要求，以确保每个人都能够尽责地履行自己的职责，并且能够有效地协调和配合。其次，应该采取分级分层的管理方式，根据档案的类别和价值，采取有针对性的措施。最后，还应该建立完善的安全监控机制，以便在整个档案数据生命周期中及时发现问题并采取措施，以提高档案数据库的安全防护能力。

在当今的网络环境下，随着信息技术的飞速发展，越来越多的新型技术涌现，因此，要想更好地保护档案数据，就必须加强对其的安全防护。利用区块链等前沿技术，可以更好地识别、分析、处理、存储、传输、共享，从而更好地保护档案数据的完整性、准确性，并且减少安全风险，从而避免档案数据的泄漏、丢失和篡改。为了确保档案数据的完整性，采用先进的加密技术、溯源机制以及其他有效的安全措施，将有助于提升档案数据的安全性。

为了解决网络环境下档案数据管理的突出问题，加强档案管理队伍建设是至关重要的。因此，我们应该积极引进更多档案管理专业和计算机专业的技术性人才，并且在档案管理工作培训中增加实战练习机会，以便让参与工作的人员更好地理解信息化转型，同时也为工作人员提供更多可以学习和培训的机会，从而提升其专业知识和技能，以期达到更好的管理效果。建立一支具有专业技能的团队，为档案信息化安全管理提供技术支持，并为档案信息管理提供更多的发展机会。

2. 档案数据库安全管理的过程建设

采集档案数据是档案工作的基础，也是保证档案数据库安全的第一步。因此，我们应该加强对档案数据的采集，确保它们的格式、来源和结构都符合要求，为后续的建设打下坚实的基础。只有经过精心筛选、符合标准、具备完整性的档案数据，才能被妥善保存。为此，我们应该利用区块链、数据溯源等先进技术，确保档案数据的完整性、准确性，以及提升其安全性。

由于档案信息具有重要的价值，并且其数量庞大，所以在采集、传输时可能会面临各种安全隐患。因此，我们必须使用加密和匿名技术来确保档案数据的安全性。为了确保档案数据的完整性，必须加强对其传输的监管，严格遵守相关的安全规则。同时，也需要建立完善的安全机制，制定有效的安全协议，以便更好地管理档案数据，避免可能出现的危害。

为了确保档案的安全，必须对档案数据库进行严格的安全管理。这与传统的档案库房不同，它不仅仅是一个存储档案的地方，而且还包括"八防"规定的权限管理。在网络环境中，必须对档案数据进行有效的管理，以保证它们的安全。因此，保障档案数据的安全性对于确保其可靠性至关重要。为了确保档案数据库的安全，需要不断更新软硬件设备，优化信息设施，提高防风险能力。同时，还需要充分利用防火墙来阻止无访问权限的人访问数据库，并加强对风险点的监控，及时发现问题，不断提高修补漏洞的能力。

在网络环境中，建立一个完善的档案数据库，能够充分发挥它们的价值，并且能够实现数据的共享。近年来，许多省市都在努力推进档案资源共享，如通过异地查询等方式，为广大群众提供了更加便捷的服务。随着信息技术的发展，在档案数据共享平台上，我们应该重视安全性，建立完善的身份验证与授权机制，严格执行数据记录与备份的相关规范，对用户进行合理的访问控制。同时，应当对档案数据的使用者进行严格的权限控制，以确保其在共享过程中的安全性。

第四节　电子档案管理模式的应用

在档案管理工作中，随着信息化技术的有效推广和广泛应用，电子档案管理作为一种全新的模式占据了重要的地位，在很大程度上改变了档案管理的方式。与传统档案管理模式不同的是，电子档案所包含的信息更加丰富、广泛，且在管理上更加智能、利用上更加便捷，更符合信息社会的要求。

一、大数据时代电子档案管理模式的发展情况

随着大数据时代的到来，数据资源变得越来越丰富。从政府管理、社会发展到个人生活，几乎所有领域都与大数据息息相关。新技术和应用的不断涌现，使得国家、社会、企业、个人每天都在收集、处理大量的数据，这给传统的档案管理模式带来了极大的挑战。

大数据技术已经深刻地影响了我们的日常生活，并且极大地改变了我们的办公方式。在这个快节奏的时代，我们面临着海量的信息，因此，我们需要采取有

效的措施，以确保我们的日程安排得以顺利实施。随着时代的发展，越来越多的人意识到，有效地管理和利用与他们息息相关的大量数据是十分必要的。然而，由于传统的纸质档案容量较少，传输和查询的速度较慢，容易出现错误，无法满足当今社会的快节奏生活和工作的需求。

档案是信息的载体，承载着传承古老文明和智慧的重要使命。收集和管理好档案具有重大意义。随着科技的发展，档案管理也发生了巨大变化，它不再仅仅局限于纸质文件的收集和查阅。档案管理需要满足不同地区人们的个性化、多样化和高效化需求，因此需要从实体管理转向虚拟管理，从纸质管理转向电子管理。

随着科技的发展，电子档案管理模式应运而生，它不仅可以让人们快速准确地查阅信息，还能满足异地人员之间的信息共享需求，成为一种有效的、可替代传统纸质档案管理的方式。

相比于传统的档案管理方式，电子档案管理模式更加注重将实体档案信息以字节、比特的形式存储在电子介质上，以便更加便捷地阅读和利用，而不需要纸质文件的直接可读性。这种技术的主要优势在于可以完全脱离人工操作，可以在更小的空间内存储大量信息，而且信息内容可以与承载体分离，可以在多种媒体上共享查阅，因此必须依靠系统来实现有效的管理。电子档案存储模式的优势在于它能够节省存储空间，提供更大的存储容量，并且能够快速处理和传递信息，同时也能够节省人力。然而，由于它的材料限制，电子文件存档需要适当的环境条件，如温度、湿度和电磁干扰。随着云计算技术的发展，越来越多的电子档案文件已经采用云存储的方式，这样不仅可以将其存储在磁盘、光盘等传统介质上，也可以将其存储在云端的网络空间，从而极大地扩展了存储空间，并且使得数据的存储和查阅变得更加便捷。传统的档案管理方式存在着诸多弊端，如分门别类、封闭式管理、信息传递和共享受到限制等，这些都使得档案在生产管理过程中无法发挥应有的积极作用，也无法满足现代管理的要求。因此，现代档案管理技术的出现，为档案的安全性和机密性提供了更加有效的保障。电子存档可以大大提高工作效率，因为它可以快速检索有价值的信息，而传统的纸质档案存储方式由于内容多且信息量大，翻阅和查找信息都非常困难。

二、电子档案管理模式发挥的作用分析

电子档案管理模式发挥的作用具体有以下几个方面。

1. 促进管理标准化

传统档案的管理模式缺乏一定的规范性，档案管理成果及效果与国家规定的标准之间存在着一定偏差，不利于档案管理工作效能及品质的全面提升。而电子档案因其形成格式上的标准化，能够在先进信息技术手段的支持下构建更规范的管理体系，保证管理系统所设置的内容、结构以及服务功能等方面表现更加理想，所存储的档案信息在要素组成和覆盖范围上更规范，可以切实满足新时期档案管理的实际要求。

2. 提高管理实时性

新时期档案管理在实时性上具有较高要求，相关单位需要根据自身的实际发展需求构建即时性、动态化的管理体系，以便于档案资源的收集和档案业务的拓展，充分发挥档案数据在单位战略统筹方面所具有的支撑作用。电子档案的产生是基于先进的信息技术，它具有智能化和自动化的特点，可以自动分类、提取重要信息，并在智能技术的支持下进行统计分析，及时发现业务拓展和实际运营中的风险，从而帮助管理人员更好地优化管理模式和实施方法。

3. 强化管理精准性

以人工为主导的传统档案管理模式具有一定的限制性，如人为判断或人工操作失误，而导致档案保存期限或档案内容出现偏差，降低档案的精准性。而电子档案的应用能够有效规避这一障碍，管理人员可以借助先进的技术手段，对档案信息进行全面梳理，并通过智能评估与分析，精准判断档案信息所隐含的价值和作用，针对性地对档案进行收集、整理、保存，并及时发现和诊断隐含的风险隐患，达到依据标准有效管理档案的目的。

4. 提高管理执行性

传统的管理模式在工作效能上相对比较低下，这对于档案管理事业的深入发展是十分不利的。而电子技术的衍生与推广能够有效改善这一现象，管理人员能够有效依托智能化的技术手段对复杂、丰富的档案信息进行智能整理，借助录入、

识别、分类等功能实现科学管理。这样不仅能够显著提高整体的管理效能，同时也能够有效缓解管理人员在档案管理工作范畴中所面临的工作压力。同时，在智能化载体的支撑下，能够实现档案管理环境的优化建设，以保证档案信息的存储更加安全，管理品质更高。

5. 促进资源共享化

电子档案主要以信息化载体为依托，所具有的资源共享功能比较突出。在电子档案管理过程中，可以借助现代技术平台构建资源共享中心，实现档案信息资源共享互通，扩大档案的使用范围和利用价值。因此，相关单位需要进一步规范信息共享的执行路径，优化管理举措，以便将电子档案的作用和价值有效地发挥出来。

三、应用大数据技术革新电子档案管理模式

（一）加强数据安全管理

为了确保企业数据安全，档案管理人员应建立起目录数据与数字图像之间的关联，以实现定位检索，有效避免违规操作和越权行为。此外，档案管理部门还应根据公司内部人员的操作权限，建立一套完善的防御机制，以防止不同部门之间出现不兼容或不协调的情况，从而避免各类矛盾的发生。电子档案的数据化处理需要依靠先进的电脑技术，而这些技术又受到多种软件的支持，但是由于系统兼容性的限制，它们很难被应用到各个部门的操作平台上。如果档案管理人员没有及时采取措施，就可能会导致部门无法从企业档案库中获取本部门的相关数据，也可能会被其他部门的数据所覆盖，从而增加数据外泄的风险，并且破坏了原有的数据查阅权限。

为了更好地管理档案，我们需要充分利用大数据技术，建立一个基于 LAN 的档案信息资源共享平台。我们还需要为每个资料板块设定适当的阅读权限，并且根据企业的不同情况，为员工划分不同的等级，这样才能确保每个部门的数据都与我们的职能和工作方向相匹配，避免员工擅自查阅或调用其他部门的数据。此外，该平台还提供专业的咨询服务，如果员工有特殊的查阅需求，可以通过该平台向企业反馈。管理层将会对员工提交的个人需求进行分析，审核其合理性，

并决定是否授予他们相应的权限。通过这种分层管理，我们能够确保各部门之间都能公平、合理地获得档案管理部门提供的信息服务。通过利用大数据技术构建的局域网平台，可以有效地消除由于不同电脑系统之间的兼容性差异而导致的数据无法被本地读取的情况，从而确保数据的流畅传输。

（二）构建高速数据采集和检索平台

随着电子档案的数据采集的出现和发展，构建一个完善的统计信息体系变得尤为重要。因此，企业应该利用大数据技术，搭建一个基于原始数据的大型采集平台，以便更加全面、准确地收集和分析各类数据。

通过利用大数据的"云"特性，电子档案的数据存储可以实现自动化处理，并且可以根据传统统计构建语义模型，建立高效的检索渠道，从而更精准地定义词义，更准确地检索内容，这样当用户访问电子档案库时，就可以更快速地获取所需的信息。

为了提高效率，档案管理部门应该利用云技术来实现动态查询和电子管理。这样，不同的数据库就可以自由交换信息，用户就可以轻松地在网站上找到所需的信息。企业应该大力投入资金，改善档案管理系统的硬件设施，使档案信息更加完善、及时，以满足用户的需求。此外，为了更好地实现用户的检索，档案管理人员应该尽可能多地在数据库中添加子项目，如生产流程、产品质量、客户需求、人力资源等。

通过大数据技术和硬件设施的强大算力，档案管理人员可以在数据库中开设大量数据版面，将不同类型的数据进行集中容纳，从而有效地分析出每一个子项目下的访问情况，如工序信息分割出等待时间浪费、工序浪费和库存浪费，产品质量信息分割出运输浪费和产品缺陷浪费等，从而有效地实现"登录—检索—跳转—查阅"，大大提高了档案管理的效率和效果。通过使用这款应用，用户可以快速查找到自己所需的信息，并且可以节省大量的时间和精力。

（三）完善数据共享形式

我们应以用户体验为核心，致力于打造一款具有价值的档案服务。通过引入大数据技术，如自然语言处理、人机交互，可以打造出一款具备个性化和智能化特征的智能问答系统，以满足用户的需求。为了更好地服务于用户，档案管理部门应该通过平台端口实施自动化翻译，为不同语言的档案信息提供有效的服务，同时，应该结合知识图谱技术，全面展示出大量的档案资料，方便用户快速、准确地获取和利用。

随着科技的发展，高效化办公已成为企业发展的必要条件。通过大数据技术对电子档案革新，不仅可以提高数据的安全性，防止机密信息外泄，还能够极大地提升企业的办公效率，使得内部数据和信息能够快速提取、分析和共享，从而加快各类报表或方案的制作速度，从而为企业带来更多的业务收益。企业应该将销售、产品、财务、运营等信息转化为可视化的数据图表，并将其纳入年报档案库，以便于及时获取相关信息，进而分析企业的业务状况，有效地调整产品、订单和客户结构，同时也可以避免资源的浪费，节约办公时间，提升企业的效率。通过在有限的时间内完成重要任务，我们可以为企业带来更大的收益。

第五章　信息时代下高校档案管理工作的创新发展

信息时代下加强高校档案管理工作的创新发展具有重要意义。本章内容为信息时代下高校档案管理工作的创新发展，分为三部分内容，依次是高校档案管理工作的历史与现状、高校档案管理的信息化建设与技术应用、信息时代下高校数字档案馆与智慧档案馆建设。

第一节　高校档案管理工作的历史与现状

高等院校的教学、科研等各种活动在高校档案中得到了客观、真实地记录和反映，同时也是构成整个国家档案资源体系的重要组成部分。随着我国社会主义市场经济体制改革不断深化，对高校档案管理提出了更高的要求。在当今高等教育事业蓬勃发展的大背景下，全面有效地推进高校档案管理工作，不仅是遵守档案管理法律法规，全面贯彻和落实档案管理职责任务的基本内在要求，还是促进高校档案管理工作现代化、规范化以及标准化的一条必要途径。

一、高校档案管理的历史

根据我国现存的明清档案所载，可以推断出只有清代嘉庆年间由清政府内阁典籍厅在对东大库九万件档案进行整理时，在编制的《清理东大库分类目录》中，才有"文殿试类、武殿试类、考试类"档案列入二十五大分类档案之中的记录。

鸦片战争后，随着社会各方面的发展和变化，在文化教育、财政金融等各种专业领域里都形成了各具特点的专业档案。也就是说，清代末年我国已经形成了近代教育档案的概念，但由于历史的局限，还没有专设教育机构，更没有关于学校档案管理方面的记载。

从辛亥革命至中华人民共和国成立之前，由于我国处于半殖民地半封建社会的历史背景，尽管从 1912 年成立的南京临时政府开始就设置了专管教育的机构，这以后也出现了像北京大学、清华大学等高校的爱国师生抢救明清档案的行动，但就全国范围而言，不论是北洋政府统治时期，还是民国时期，当时的高等学校都没有建立统一管理档案的制度，高校档案的流失、损坏的现象极为普遍和严重。

中华人民共和国成立初期，继国家档案局成立之后，全国各省、自治区、直辖市相继设立档案管理机构，高校档案管理也同机关、团体、部队、企业、事业单位的档案管理一样，开始纳入党和政府集中统一管理的范围。针对中华人民共和国成立初期存在的档案管理体制、管理方法不够完善以及接管的旧政权档案和现行机关积存零散文件不便管理等问题，国务院于 1956 年 4 月 16 日发布了《关于加强国家档案工作的决定》(以下简称《决定》)，这是新中国成立以来国家关于档案工作的第一个法规性文件。因为高校是科研人才汇集，出成果比较多且快的地方，所以各高校根据周总理的指示和国务院的《决定》精神着手建立了档案管理机构或配备了档案管理人员，开展档案工作。1988 年 1 月，《中华人民共和国档案法》(以下简称《档案法》)颁布实施，1989 年 10 月，教育部制定了《普通高等学校档案管理办法》，1993 年 11 月教育部又颁布了《高等学校档案工作规范》与《高等学校档案实体分类法》，这些法律法规文件的实施，为高校档案管理逐步走向法制化、标准化和规范化铺平了道路。

二、高校档案管理的现状

(一) 高校档案工作机构设置情况

管理档案的活动是随着学校的发展开展起来的。为确保学校档案管理工作的有效实施，必须设立相应的档案管理机构。档案机构的任务是把在学校各项工作中产生的具有利用价值的档案保存好，用于学校的建设和发展。

过去，由于对档案工作认识不足，学校一般没有专门的档案机构。档案工作只是某些部门的附属工作，甚至现在的很多学校也是这样。但是，对高校的全部档案实行综合管理，是发展高校档案工作的重要原则，也是高校教育体制改革的需要。

学校档案工作机构是根据学校规模和实际需要来确定的。我国的学校档案工作部门根据其承担的任务和所处的领导层次不同，分别称为档案馆或档案室等。我国学校内部档案机构从其主体来看，主要有档案馆、综合档案室、信息管理中心和档案室三种类型。机构名称由学校名加综合档案室组成。

高校目前一般多实行以下几种档案工作机构。

（1）档案馆。独立设置学校档案工作机构，行使档案综合管理职权。按系（处）级设置和建立，直属院（校）长领导。作为学校档案管理的最高级形式，档案馆一方面是一个科学文化事业机构，致力于永久保存和提供本校档案的利用，另一方面也是学校档案工作的重要职能管理部门。档案馆一般是设置在办学历史长、档案工作基础条件好的高等学校。档案保管量大的高等学校可成立分馆、分室。

（2）综合档案室。《高等学校档案管理办法》要求："未设立档案馆的高等学校应当设立综合档案室。"综合档案室是机关建立的综合性档案管理机构，它统一管理本机关形成的各种普通档案、专门档案和特殊载体档案。学校综合档案室是集中统一管理学校档案的机构。综合档案室隶属于学校院（校）长办公室或党政办公室，通常为科级建制，由学校办公室主任兼任综合档案室主任或独立聘任综合档案室主任（兼办公室副主任）。综合档案室对学校在办学活动中形成的各种档案实行统一管理。

事实上，由于人事制度历史的原因，绝大多数学校并没有将人事档案纳入统一管理的范畴。今后，随着学校档案集中管理的原则不断完善，学校综合档案室将在人、财、物的投入与信息开发利用上进一步发挥作用。

（3）信息管理中心。信息管理中心是将学校各部、处、系、直属单位的档案、统计、情报资料管理工作一体化管理的部门。因为档案、统计、情报这三项工作是互相联系的，把这三项工作的人员统筹起来，实现一体化管理，可以实现减少编制、设备共享、互相利用、互相补充、互相促进、便于利用的作用，有助于增强学校信息管理系统功能，提高档案的社会效益、经济效益，从而提高档案工作的地位。对学生规模在三千人以下的学校，在信息中心内设档案室，主要利用现代信息技术和科学的管理方法，对教育信息和与教育相关的信息进行采集、处理、储存和传播，成为学校的数据库、信息库和领导管理的参谋部。

（4）档案室。档案室是各机关对本机关档案的内部机构进行共同维护与有序管理，同时作为整个机关的重要组成部分，其专业性质为机关管理和研究咨询。它具有收集、整理、保管、鉴定、统计、编研、提供利用和宣传推广档案信息资源的职能，为党和国家各项事业服务。在国家档案工作组织体系中，档案室是最为广泛、丰富以及基层的业务机构。

以上几种类型的档案机构均属于学校的内部组织机构。各学校为适应档案管理的自身需要建立这种专业组织，从事本单位内档案工作的组织管理及档案的保管与提供利用工作。从这一点上看，档案室具有对本机关的依附性。

过去，学校一般是在校长办公室下设档案室，主要管理文书档案。随着学校档案工作领导体制的转变，高等学校档案室开始向综合性的方向发展，各校纷纷将文书档案室、人事档案室、科技档案室合并，以综合档案室的形式对学校档案实行统一管理。规模不大的学校，档案库存数量少或受编制限制的学校，根据学校工作需要，大多未设档案工作机构，只配档案人员，隶属于院办公室或其他职能部门。不管各学校采取哪种机构建制，其档案工作职能都是学校工作的组成部分，是为适应学校工作的需要服务的。

（二）高校档案管理现行的组织机制

高校档案管理按照组织形式可分为集中式和分散式两种管理模式。

1. 集中式管理

各级档案工作机构的设置是二至三级，有的是以档案室命名的基层档案部门，统辖于处、系（部）、科或室之下，只负责本部门的资料、档案等工作。集中式管理是将分散在不同组织、机构的档案工作统一起来进行管理。集中式管理是我国档案机构的一种组织原则，是由我国的国家结构形式决定的。以行业划分的管理机构体系，像教育系统是从国务院教育行政部门到省、自治区、直辖市人民政府教育行政部门，形成了垂直的管理结构。按照集中统一的原则建设全国高校档案机构将有利于制定统一的发展规划和规章条例，使用统一规格的设备，在业务标准上统一规范管理等。集中式的学校综合档案室下面不再分设档案部门，综合档案室归口学校办公室或秘书科管理。这适合于学校规模以及档案工作量都不太大的学校，大多数普通中等专业学校、一般高等专科学校都采用集中式。

2. 分散式管理

分散式管理是只对本部门范围档案负责的档案工作形式。在分散管理的情况下，往往是以相关专业档案产生的工作部门来确定管理关系，分别实施管理责任，如学生工作处或教务处所属的学生档案室等。学校的分校区、二级学院或学校所属的其他独立单位都是高校内部的一个单位，这些单位在各项实践活动中也会形成许多具有保存价值的材料。可视需要采取将业务性强、隶属单位常用的档案分室保管的形式，但在业务管理上仍隶属于学校档案机构。分室保管的全部档案与学校的档案是一个全宗。

目前，我国中等以上学校普遍没有档案室，一些办学规模较小的学校还没有档案机构，只设档案工作岗位。对大多数学校而言，档案工作隶属于学校的综合档案室，而综合档案室归属在学校党政办公室等机构内。也有一些大学的档案馆是独立存在的。但不论以何种形式存在，档案工作要接受来自行政和专业两方面的制约，因此，学校内部组织机构的管理权限确定了档案机构职能的划分。规模大的院校实现校、学院或校、系两级管理。

一般来说，高校档案馆内部机构可设综合办公室、档案收集整理科、档案信息资源开发科、校史编写科、专门档案管理科，业务指导科等。未设档案馆的高等学校应当设立综合档案室，综合档案室内部机构可设综合办公室、档案收集整理室、档案信息资源开发室等。高校档案机构若具备相应条件，则可向有关部门提出申请，以建立一个专门用于爱国主义教育的基地。

（三）高校档案管理人员基本条件设定

由于高校是为国家培养栋梁、为社会培养人才的地方，高校档案工作除具有一般档案工作的特性外，还具有自己的一些特别要求，在新时代科技、教育、经济发展的大背景下，高校档案工作人员必须树立起高尚的职业道德，以适应时代的需求，同时这也是一种必然选择，高校档案工作人员职业道德的内涵包括：

（1）认真履职。高校档案工作人员要充分认识档案工作这一职业对学校教学、科研工作乃至对整个社会发展中的地位、作用及重要意义，本着对学校负责、对学生负责、对社会负责的精神，对档案工作充满热情，以严谨的工作态度、高度的责任感以及敬业精神，恪尽职守，尽职尽责。

（2）保护历史资料。现代社会充满诱惑，一些个人或集团出于利益，有时会做出不合事实的陈述，而还原其真实面目的最有力资料就是档案。档案人员必须担当起保护历史资料的重任，珍视档案，珍视历史，追求精准，维护档案资料的完整性。

（3）保守秘密。档案是记录和反映一个单位历史发展状况以及重要事项的原始凭证，对国家政治、经济等方面有重大影响，因此保密性要求非常高。众所周知，档案工作有一定的政治属性，学校档案就是如此。为确保档案在政治上的安全，档案工作人员需要遵守国家有关保密工作的法律法规。随着高校档案管理从传统的封闭或半封闭型向社会开放的转变，强调档案的政治属性变得尤为紧迫。

（4）提供优质服务。高校档案中的学生档案、科研档案及教学档案在校内和社会上查询需求量都比较大，按照规定提供优质服务，是档案工作作用的最终体现。所以，要求档案工作人员在档案的应用方面下足功夫，必须培养熟练的服务技能，用热情的态度和精湛的技能，更快、更好地完成服务工作。想要加强档案工作人员在职业方面的道德，可以从以下几点入手：首先，通过加强职业道德教育来提升工作人员的职业素养和职业道德水平。通过多种渠道对档案人员进行职业道德教育，使他们树立起正确的人生观和价值观，增强爱岗敬业的精神。为了有效提升档案工作者的专业水平，同时加强职业道德教育，除了提供学习和培训机会，还要通过开展多种形式的活动。其次，对大众传播工具与媒体进行灵活地利用，广泛宣传档案工作者中的杰出典型，大力弘扬正义的精神，从而营造一个良好的社会舆论氛围，使档案工作者的职业道德素养得到大幅度的提升。最后，强化档案法规制度建设，制定有关规章制度，规范档案管理行为，增强档案工作者的责任意识。将职业道德意识的提升和奖惩措施有机结合在一起，以达到更高层次的效果。根据不同情况分别制定相应的考核标准，奖优罚劣，从而激励档案工作者自觉地遵守各项规章制度和操作规程。在档案工作的实践中，积极宣传和表彰坚守职业道德、恪尽职守的杰出人物，以表彰他们的卓越贡献；对违反职业规范、损害他人利益的行为予以曝光，并及时通报；严肃地批评和教育在职责范围内疏忽大意的人，并施以必要的惩戒措施。

第二节 高校档案管理的信息化建设与技术应用

一、信息化建设对高校档案管理的影响

（一）信息化建设拓展了高校档案管理的功能

高校的档案不仅记录了它自身的发展历程，还记录了其独特的文化特色，从某种意义上来说是对大量原始数据进行保存的一种方式。高校领导层、教师以及学生的行为，在其中得到了全方位的呈现，包括但不限于教学、管理、科研和文化等多个领域，包含的信息量大，能够真实反映出学校各项活动的实际情况与发展趋势，具有一定的教育价值和社会意义。高校档案涵盖了研究报告、学术交流心得等多方面的资料，既为高校日常工作提供了非常必要的信息基础，拓展了人际交流的深度与广度，又为交流活动的持续推进提供了重要契机。在高校档案管理工作的过程中，对信息技术的灵活运用，可以使记录的信息呈现得更加原始，从而凸显在宣传教育方面的支撑作用。通过这些方式，使人们对高校档案有一个全面深入的了解，从而提升其宣传推广效果。另外，信息技术还能够将高校档案在宣传教育方面的支撑功能，以一种巧妙的方式有机融入人才培养和科研活动之中，为教师和学生提供直接和便捷的服务体验。随着信息时代的到来，高校档案管理应与时俱进，充分利用先进的科学技术，积极开发与利用新技术。在进行课题研究、产品研制等相关活动时，启用网络查询功能以获取教学、科研等方面的成果信息，从而充分发挥高校档案管理的应有作用。通过对档案中独特信息的主动搜索、挖掘和收藏，并且对其进行有序地整理，以展示档案管理在宣传教育方面的功效。

（二）信息化建设加快了高校档案管理工作的建设

1. 加快了高校档案管理的公正、透明化建设

高校档案管理作为一项重要且复杂的管理工作，具有十分显著的社会价值和经济价值。借助信息技术，高校在校园日常事务管理的基础上积极构建了一个系统性档案信息平台，并在该平台上设置了信息公告栏，以展示学校的相关信息，如教学特色、办学条件等，以便让更多师生全面掌握和及时了解同自身有关的信息。通过此举，不仅拓展了高校档案管理的功能，促进了高校档案管理工作的公正化和透明化的进一步建设，同时也使高校档案管理的专业性与服务性得到较大幅度的提升，提高了高校档案管理服务水平与能力。

2. 加快了高校档案管理的信息共享建设

高校档案管理的终极目标在于为用户提供高效、便捷以及精准的信息服务，以满足用户日益增长的信息需求。随着全球经济一体化的发展，社会信息源源不断地涌入其中，信息管理的覆盖范围迅速扩大，现代高校档案的使用者在一系列因素的影响下，对服务功能的要求也日益提高。在这样一个大环境下，传统的档案管理模式已经不能满足当前社会发展的需要，所以高校档案管理的信息共享已成为社会发展的一种必然趋势，更是高校档案管理今后不断追求的目标。目前，我国大多数高校都已经具备了一定规模的电子数据库，并开始利用这些数据进行管理和使用。高校档案管理的信息共享建设受益于信息技术的引入，为高校档案管理提供了强有力的支持，除此之外，它将我国各大高校的档案信息有机地融合在一起，形成了一个高效、系统和紧密的网络，使高校之间的信息互通达到了前所未有的程度。通过这种方式，能够充分了解到各高校内部各类信息以及各种数据信息的来源、内容、分布等情况，从而可以对其进行科学全面地管理，并使之得到合理利用。我国高校建立了一套信息共享服务系统和平台，为教师、学生以科研人员提供了便利，促进了相互学习、工作和活动的进一步开展，同时也实现了有效资源的节约和效率的提高。

3. 加快了高校档案管理的工作效能建设

高校档案管理的工作效能建设得到了加速，在简化档案管理的流程与内容、大幅度提升工作效率方面得到了淋漓尽致的体现。高校档案信息化管理采用了一

种与传统档案管理模式不同的方式，借助数字技术将档案信息转化为可存储的数据，从而实现了空间的节约，同时也避免了纸质档案因纸张破损带来的损失问题，使高校档案的保存更加安全有效。高等教育机构的档案数字化管理系统具有更长久的存储能力，从而减少了工作人员在整理和修复方面所需的时间和精力，信息化管理模式使档案资料更加规范有序地进行存放。高校档案管理工作运用信息化技术，不仅简化了档案信息的整理流程，还优化了加工流程，从而使档案管理工作的效率得到有效提升。在高校档案管理中引入互联网信息技术，实现了资源共享，降低了对人才和资金等各方面条件的要求。运用档案检索关键词的技术，既缩短了管理或使用人员的查询时间，又可以通过提供高效和便捷的服务，将高校档案管理提升至一个全新的境界。

（三）信息化建设完善了高校档案管理的服务性

1. 为高校档案管理的服务功能奠定了技术基础

高校档案管理的核心职责在于搜集、整理以及维护现有的有价值的纸质档案。由于各大高校在档案管理过程中对信息技术的广泛应用和推广，校园内部网站逐渐形成，传统的纸质存档模式被新型的档案载体（如磁盘、光盘等）所颠覆，从而在一定程度上给高校档案管理工作带来了不小的挑战。高校档案管理的服务功能得到优化与完善，主要得益于存档方式的转变，在扩大了收集范围，增加了数据库的同时扩展了抓题库，从而为高校档案管理工作服务质量的提升，奠定了坚实的技术基础。

2. 使高校档案管理的服务功能更加人性化

在高校档案管理工作中，信息化建设已经深入渗透，为其管理工作提供了更加人性化的服务环境。高校档案是学校历史与文化传承的载体和见证，也是衡量一所大学教育教学水平高低的主要标志之一，因此做好高校档案管理工作至关重要。高校档案管理的最重要影响因素之一是信息技术，它扩展了高校档案的保存形式，从而推动了高校档案信息从单一性逐级向综合性的转变。随着科技水平和社会经济的快速进步，人们对档案利用的需求越来越高，因此加强对信息化技术在高校档案中的应用研究具有十分深远的意义。档案信息化管理为用户提供了多角度的信息记录，包括声音、图像等，可以有效确保信息的全面性以及清晰深刻的主题把握，同时将档案信息管理与互联网技术相结合，为广大师生提供便捷的检索途径。高校档案管理的服务形式可以通过对信息化技术的充分应用进行转变，以满足需求者不同的心理变化，提供一系列个性化的档案服务。因此，应重视高校档案馆建设中信息化技术的运用，并通过多种渠道和方式来实现这一目标。例如，在校园网站或档案管理网站上引入用户注册功能，经过必要的审查后，根据用户的不同需求，提供相应的在线咨询服务，增设专业提档服务功能，以满足用户的个性化需求；通过电子档案管理系统将纸质档案和数字档案有效整合起来，形成统一完整的数字化档案库；为专业性较强的学科提供有针对性的参考咨询服务，建立一个系统性的信息交流平台，以促进相关教学、教研工作的顺利开展，从而将其应有的信息导航作用充分发挥出来。

（四）信息化建设对高校档案管理工作人员提出了更高的要求

随着信息化的持续发展，高校对档案管理从业人员的专业技能水平提出了更高要求。高校的档案管理从业人员，不仅需要掌握必要的档案收集、分析等专业技术，还需要具备必要的计算机基本操作能力，以便能够熟练地运用计算机，更顺利、高效地开展高校的档案收集、整理等管理工作。此外，随着计算机网络应用范围的不断扩大，如何利用好网络资源，已成为当前高校档案管理部门需要重点考虑的问题之一。档案管理人员在网络环境复杂多变的背景下，既需要不断加强自身档案安全意识，也要借助不同的方式培养和学习专业技术，不断加强网络安全防护工作，使自身在现代网络安全领域的技术水平得到有效提升，从而确保高校档案管理在安全、可靠的网络环境中运行。

随着互联网技术和信息技术的发展，网络已经成为人们获取信息、交流沟通和休闲娱乐等不可缺少的工具。在这样的时代背景下高校对档案管理从业人员的职业操守提出了更为苛刻的要求。网络虚拟环境为人们的日常生活增添了更为诱人的元素，各种不良信息也在潜移默化地改变着人们的世界观、价值观和人生观，带来诸多不利影响。高校档案管理从业人员在充满各种诱惑的网络环境当中，应坚决抵制不良的引诱，不断加强自身的职业素养，这对于高校档案管理事业具有至关重要的意义。

随着社会经济不断发展以及科学技术水平的不断进步，我国高校档案事业得到迅猛发展，在一定程度上推动着高等教育事业向前迈进。然而，由于信息化时代的到来，高校档案管理既面临着机遇，也面临着挑战，高校需要充分发挥其积极作用，同时尽可能避免不安全因素对自身造成的一系列负面影响。

二、高校档案管理的信息化建设思路

（一）加强基础设施的建设工作

不断完善档案信息基础设施建设，为信息化建设铺路搭桥，是档案信息化建设的基础。档案信息基础设施主要包括：交换机、路由器、高性能服务器、大容量存储和备份设备，以及操作系统、可靠性的信息安全系统、数据库管理系统等。经过多年的建设，许多单位都已经建立了局域网。但也有一些单位仍然停留在网络上面看新闻、电脑当作打字机的水平，许多工作仍然是手工或打字系统，对于工作流程的综合集成，并未构思出一种全新的方案。信息化的巨额投资未带来其应有的回报，信息化工作任重而道远，完善信息基础设施建设，重点在于建立满足应用需求的网络。应主要从以下几方面考虑。

首先，部门的局域网与办公自动化同步建设。要把档案信息化纳入国家信息化的总格局中，保持协调、同步发展。各单位在建设办公自动化系统时必须考虑文档一体化的管理要求。

其次，档案网站的建设。目前许多档案部门建立了自己的档案网站，为网上利用档案提供了方便，但还存在着许多问题，如网站更新的速度慢、内容单一、访问量极低、网站形同虚设、效率低下等问题。

最后，要用长远的、发展的眼光来看档案信息化建设，只有用动态的发展的眼光来看待今天的信息化建设，并把数字档案馆的建设作为今后工作的发展目标，才能从根本上加快信息化的发展进程。

（二）实现信息共享，为决策提供支持

信息化建设的实践证明，单一的信息不能共享、数据无法公用，没有考虑纵向、横向业务集成的软件系统，已经不能满足当代信息化建设的实际需求。那样只会形成信息的孤岛，给业务融合和数据整合制造障碍。实施管理与业务综合集成，为档案信息化营造可持续发展的空间才是档案信息化建设的最高阶段，办公

自动化系统、档案管理信息系统之后，集成各种信息资源，实现档案管理的最终目标。通常的综合集成是将已有的软硬件资源整合，即成为一体化的档案管理信息系统，形成相互配套、互联互通的有机整体，而作为信息化的综合集成，仅停留在这个层次上是不够的。它不仅要实现办公事务、业务处理的集成，更要着眼于管理和决策的需求，在顶层应用的需求牵引下，在业务流程的总体框架内，综合集成软硬件、网络资源，为管理提供手段，为决策提供支持，更为整个行业和机构科学、高效运转，创造最大的价值和效能提供信息化的平台。

（三）加强对信息系统应用的落实工作

应用信息化的管理系统，除了具备软硬件的基础设施、规范化的管理和使用外，还需要有先进、实用、可靠的档案管理软件系统，包括办公自动化系统、管理信息系统。满足档案管理综合业务和局部业务需求的各种类型的档案管理系统，是管理档案信息的软件载体。办公自动化系统是满足人们办公事务、处理共性需求的工具软件，该应用程序可满足行业或单位内部所有人员的不同需求，作为连接管理决策行为和实际业务数据的关键纽带，实现了管理和业务信息的交流，将所有人员与工作有机地连接为一个整体；它与档案管理信息系统共同满足业务部门、业务人员办理业务的不同需求，二者相对独立，但又紧密相连，既有分工又有相互补充之效，是档案形成阶段的系统载体。归档过程就是将办公自动化系统中管理的数据迁移到档案管理系统中，因此在信息系统建设和使用过程中应将这两大类系统区分开来。

所有的业务和人员都以各级领导的管理和决策为中心，各种计划、方案、通知和命令则是业务工作的重要基础，因此管理和决策需要很多具有参考性的实际业务数据支持。办公自动化系统的使用不可以仅停留在利用网络手段电子文件的层面上，档案管理信息系统的使用也不能停留在仅仅是查找目录资源信息。除了基本的公文管理、电子邮件等功能外，档案信息系统还应强调高级应用，如即时通信、知识管理等，通过对现代信息技术成果的灵活运用，将其应用提升到与信息时代和信息技术水平相适应的水平。

总之，只有围绕以上三部分来规划信息化的建设思路，档案信息化建设工作才能真正落到实处，才能取得实质性的进展，才能体现档案信息化的总体效益，才能使国家的信息化建设步入成熟的应用发展时期，才能实现档案资源信息的真正共享，也才能使档案信息满足社会不断发展的需要，并在经济社会发展中发挥核心资源的重要作用，从而有效地实现核心资源的社会共享。

三、高校档案信息化管理的技术应用

信息技术在档案工作中发挥着重要作用。通过运用多种信息技术，档案工作部门能够以更加高效和精准的方式完成各项任务，实现档案工作技术向现代化之路迈进的宏伟目标。信息技术的应用是档案管理现代化的重要内容和标志之一，应用信息技术，一方面能够促使档案管理工作实现规范化、标准化以及高效化，从而进一步提升工作效率与质量；另一方面，还能促进信息资源的共享，为社会提供优质高效服务，同时提升从业人员的专业素养水平。通过运用现代信息手段来加强档案信息管理与服务能力是时代发展的需要，在数字化管理的进程中高校应及时为档案从业人员提供专业知识与专业技能的相关培训，使他们在掌握先进技术的同时，也可以掌握灵活操作的方法。加强档案部门与社会各方面的联系，利用现代信息手段，建立起完善的网络管理系统，实现资源共享。

（一）云计算技术在档案信息化中的应用

云计算是当前信息技术领域的热门话题之一，正受到社会各界的高度关注，并使档案信息化面临一系列新的机遇和挑战。

1. 云计算的概念及特征

云计算是一种基于互联网的计算方式，这种方式利用分布式计算和虚拟资源管理等技术，通过网络统一组织和灵活调用，将分散的信息资源集中起来形成共享的资源池，并以动态按需和可度量的方式，向使用各种形式终端的用户提供服务。

在云计算环境中，应用软件直接安装到了"云"端的服务器中，而不是用户终端上，用户仅需要通过 Web 浏览器登录到"云"端的管理平台就可以使用软件并得到所需服务。"云"是对计算服务模式和技术实现的形象比喻。"云"由大量基础单元——云元组成，各个云元之间由网络连接，汇聚成为庞大的资源池。

按照云计算服务提供的资源所在的层次不同，可以分为 IaaS（基础设施即服务）、PaaS（平台即服务）和 SaaS（软件即服务）三种服务方式；根据服务对象的不同，可以分为面向机构内部提供服务的私有云、面向公众使用的公有云以及二者相结合的混合云等。

2. 云计算用于档案信息化建设的优势

（1）实现档案信息资源共享

通过对云计算技术的灵活运用，档案管理系统软件的多元化开发可以消除信息资源孤岛现象，从而在不同地域的档案部门之间建立档案信息资源网络、"共享池"，实现电子档案资源的高度集中统一管理和广泛共享。

（2）节省投资成本及运维费用

众多档案部门不再需要构建自成体系的软硬件平台，可以极低的成本投入获得极高的运算能力，大幅度降低运维费用和提高运维效率。

（3）提高信息系统的安全性

在过去，档案馆所存储的数据主要集中在本馆的服务器上，只要服务器出现故障，档案馆就无法为用户提供正常的服务，严重的可能导致数据遗失。采用云计算，数据被存储于服务器上，即便有的服务器因为某些原因产生故障，其他服务器也能够在非常短的时间内将故障服务器中的数据进行拷贝，并启动新服务器，继续提供无间断服务。

（4）解决人才短缺问题

云计算的档案信息系统维护由云端技术人员负责，与目前各档案部门配备专门的信息技术人员的做法相比，既专业又节约人力成本。

（二）大数据技术在档案信息化中的应用

1. 大数据概念探析

谷歌公司为提高用户使用互联网的效率，率先建立了覆盖数十亿网页的数据库，成了大数据应用的起点。而大数据技术的源头，则是谷歌公司提出的一套以分布式为特征的全新技术体系。

大数据从出现至今，一直都是社会关注的焦点，但至今仍无公认的定义。大数据是一种具有高度复杂性、多样化结构和强大时效性等特征的数据形式。为了应对海量数据的处理需求，必须采用最新的计算架构和智能算法等前沿技术手段。大数据的应用，重点强调将最新的理念巧妙融入辅助决策和发现新知识的过程中，也注重于对在线闭环的业务流程的完善和优化。大数据作为一种集新资源、新工具以及新应用于一体的综合体，其规模之大、应用之新，令人叹为观止。

2. 大数据关键技术

对于数据准备环节和知识展现环节来说，大数据所带来的变化只体现在量上，在大数据领域，数据分析、计算和存储这三个环节的重要性不言而喻，因此需要进行技术架构与算法的全面重构，这也将成为现今与今后大数据技术创新的核心所在。

（1）数据准备环节

由于大数据的数量庞大、格式多样且质量良莠不齐，所以在数据准备阶段，需要规范格式，以确保后续的存储和管理工作得以顺利进行。与此同时，需在最大限度保留语义完整性的前提下，对数据进行精简处理，从而降低和消除噪声的干扰。

（2）数据存储与管理环节

数据的海量化和快增长特征是大数据对存储技术提出的首要挑战。谷歌文件系统（GFS）和 Hadoop 分布式文件系统 HDFS 采用分布式架构，弥补了传统存储系统的不足，同时能够达到较高的并发访问能力。

在大数据时代，存储技术所面临的另一个挑战是需要具备适应多种数据格式的能力，这需要我们不断探索和创新。大数据的主要特征之一是多样化的格式，所以为了高效地管理各种非结构化数据，大数据存储管理系统必须采用非关系型数据库。大数据的存储管理技术在未来将融合关系型数据库的操作便捷性以及非关系型数据库的灵活性，将研发全新的融合型存储管理技术作为奋斗目标。

（3）计算处理环节

大数据的计算是一项高度数据密集型的任务，因此，无论是对计算单元与存储单元之间的数据吞吐率，还是对性价比与扩展性均提出了很高的要求。分布式并行计算技术的出现，有效填补了传统并行计算系统在速度、可扩展性和成本方面的不足问题，为大数据计算分析提供了新的解决方案。

（4）数据分析环节

在大数据领域中，数据分析环节扮演着至关重要的角色，它是实现大数据价值控制的关键。现如今，针对大数据分析，通常采用两种技术路线，一种是基于经验知识，通过人工构建数学模型来分析数据；另一种是借助人工智能系统的构建，利用大量的样本数据进行训练，使机器具备从数据中提取知识的能力，从而逐渐取代人工操作。在当前的大数据环境下，人工智能与机器学习展现出了更强的适应性和广阔的发展前景。

（5）知识展现环节

在大数据服务于决策支持的场景下，将分析结果用直观易懂的方式呈现给用户，从某种程度上来说是大数据分析中至关重要的一环，怎样确保分析结果的易读性，则是当前面临的主要挑战。传统上，大数据处理与挖掘工作都集中在对原始数据进行预处理和特征提取阶段，通过人工方法提取出有效特征并加以表示，然后再使用基于统计学习理论的分类器来完成预测或分类任务。然而，在闭环大数据应用中嵌入多个业务的情况下，机器通常会按照算法直接应用分析结果，无需进行人工干预，因此在这种场景下，知识展示环节并非必不可少。

第三节　信息时代下高校数字档案馆与智慧档案馆建设

一、高校数字档案馆建设要点分析

（一）高校数字档案馆建设的关键点

1.遵循行业法规和标准是数字档案馆建设的关键前提

数字化存储和网络化服务使得数字档案馆能够高效地管理不同载体和地理位置的档案资源，从而使档案资源的开发利用、共享效率、档案管理和信息服务水平得到较大幅度的提升，最终实现档案资源的全生命周期和各个环节的全面管理。

数字档案馆在建设的过程当中必须严格遵守国家法规与行业标准，在档案的采集、加工等建设期间，遵守这些法规与标准是数字档案馆实现开放、可扩展、易维护的体系结构建设目标的最基本保障与关键途径。传统上，大数据处理与挖掘工作都集中在对原始数据进行预处理和特征提取阶段，通过人工方法提取出有效特征并加以表示，然后再使用基于统计学习理论的分类器来完成预测或分类任务。同时，为了确保系统的可扩展性和数据交换的高效性，必须严格遵守本校的信息编码标准规范。

2. 加强数字资源建设是数字档案馆建设的关键基础

高校档案馆的数字化资源主要来自四个方面：首先是将纸质档案数字化处理；其次，通过与业务系统进行对接，获取各种电子数据，如 OA 电子公文数据等；再次，校园数据中心内的各单位历史业务数据；最后，通过互联网接入校园网后形成的网络数据库，档案部门所拥有的专门资源库，包括声像资源库等，均由其自行建立或抓取。

数字档案馆的建设离不开一定规模的数字档案资源，并且各类数字档案资源库群的建立，不仅是数字档案馆建设的基础，同时也是重要的核心内容，其中有数字化传统载体档案等。随着信息技术的发展，传统档案向电子文档转变已成为必然要求，数字档案馆的建成则为这一过程提供了可能。在数字化加工及业务系统形成的电子文件归档过程中，一方面应该严格遵守各类载体数字化规范的具体标准，另一方面也必须高度重视数字档案的元数据采集，确保其内容数据和元数据建立更加持久、有效的联系，降低和防止非法篡改的可能性，从而保障数字资源的安全性与可靠性。

档案资源建设是一项漫长复杂的工程，需要遵循重要性、常用性等多项原则，同时与实际情况相结合，逐步推动和促进传统载体档案数字化工作的顺利进行，要优先数字化那些重要、自然损坏老化严重或十分珍贵的档案。

3. 统筹规划、分段推进、注重实效是数字档案馆实施的关键原则

数字档案馆的建设涵盖了多个方面，如数字资源、业务系统等，针对资金和人员不足的情况，能够通过分阶段、有序的推进方式，逐步实现最终的建设目标。在初始阶段，可以优先确保档案管理系统中基本功能模块的实现，在后续的开发过程中可以采用模块化开发模式，用于扩展平台的功能。值得一提的是，后期应根据实际需要，将前期规划方案逐步落实到具体应用层面，并结合已有软硬件设

施开展二次开发工作。数字化特别是在数据交换和系统集成对接方面，受到多种因素的影响和限制，因此可以通过项目分期来逐步实施，以确保项目建设获得更好的实际效果。

4. 全面系统梳理档案工作业务流程是数字档案馆建设的关键步骤

数字档案馆的功能不仅包括高校档案管理工作的所有业务流程，还可以实现对不同载体与类别档案的收集、整理等，同时还能够实现和校园共享数据平台（中心）、办公自动化（OA）等系统的集成和数据共享。

通过对各种不同结构、分散存储的"电子档案"进行集成、归档和利用，可以有效提升档案管理和服务的水平。通过全面梳理现有档案业务，得出比较详细的功能需求，并编写《数字档案馆系统需求说明书》，从而既确保基础业务流程化，又可以使档案管理与服务的规范化、流程化的管理目标得以实现。在此基础上，设计档案业务流程化方案及流程框架，为后续各功能模块提供统一接口。将档案业务流程化是确保档案业务工作规范可操作的必要步骤，是实现后期业务与服务系统成功实施的一个很重要环节。一般而言，档案业务的流程涵盖了多个环节，如档案归档、借阅申请审批等。

（二）高校数字档案馆建设与主要风险点与不确定性

数字档案馆系统和学校数字校园平台实现了应用集成、数据集成和认证集成的无缝衔接，为学校数字化教育的发展提供了有力支撑。

高校数字化档案馆在建设过程中需要协同整合各业务部门的业务数据，单靠档案部门的力量是难以推进与完成的。目前，国内大部分高校已经开始进行档案管理数字化改革，将电子文件归档作为数字化校园建设的重要内容之一。数字化校园与办公自动化系统项目的成功实施，严格遵循了统一规划、平台以及管理的建设原则，从而逐渐实现了应用整合、数据集中等建设的目标，最终为数字档案馆的建设打下了十分坚实的基础。然而，因为档案归档和档案信息化认识的局限性，档案信息化发展工作的严重滞后性，导致许多高校在数字化校园规划的过程当中存在档案信息化部分缺位和缺失的问题。例如，在 OA 系统规划中少数高校的档案部门，参与了 OA 文档归档流程设计，并且真正从前端实现了对电子文件归档的有效控制。然而，大多数高校的数字化档案馆在建设的过程当中，都面临着各业务、系统缺乏前端控制归档的现状，因此在数字档案馆建设的后期，只能被动地适应与迁就其他业务系统的流程与数据，最终成为数字档案馆建设期间的不确定因素。

数字档案馆建设中，平台集成和系统对接工作，牵涉学校信息化部门、业务部门以及各软件开发公司，因此需要协调多个单位和方面进行协调配合，这是数字档案馆建设过程当中最主要的不确定因素与风险点。为确保项目实施顺利，必须积极和各方进行沟通和协调。在前期，通过走访和调研相关业务部门，全面了解和掌握业务需求，并获得校领导与相关部门的大力支持，以达成数据共享与项目实施方面的共识；针对不同用户需求，开展相应的系统集成服务，确保数据一致、信息共享、流程统一和安全稳定；为确保项目进度，实施严格的项目管理措施，其中包括采用驻场开发形式进行项目开发，以便及时掌握与了解进度，同时及时进行沟通；建立信息平台，确保数据安全，并定期发布运行情况报告；要求公司严格遵守合同规定的时限，完成系统需求分析、概要设计等一系列步骤，严禁随意更换项目负责人，杜绝由于人员变动、工期拖延等诸多原因导致项目失控或失败的情况发生。

（三）高校数字档案馆建设的目标

高校数字档案馆建设的目标是充分运用现代信息技术全面推进学校档案资源存量数字化、增量电子化、利用网络化，不断改革完善传统的档案管理模式，通过对档案信息化管理模式的创新，灵活运用先进的信息技术，有效提升档案信息资源的收集、管理以及利用服务水平，把现代信息技术普及到档案工作的各个环节和与档案工作有关的各业务部门中，使数字档案馆系统覆盖档案工作的各个环节和各门类档案管理业务，以信息化为核心的档案管理现代化水平明显提升。

从建设的角度来看，高校数字档案馆本质上是一个管理信息系统，承担着高校档案数字资源的收集、存储、保管和利用共享等档案管理业务功能。在日常的学校档案管理工作中，通过信息化手段实现学校档案工作中的收、存、管、用等日常业务，并通过数字档案馆系统保障档案业务工作的规范化，同时通过系统的使用将各项档案业务规范在档案馆和归档部门得以贯彻执行，确保档案资源的前端管理、全过程管理、资源化管理、知识化管理和规范化管理。系统提供信息化手段推进电子档案信息资源建设，与办公自动化系统、业务系统等相互衔接，来源可靠、程序规范、要素合规的电子档案通过符合安全管理要求的网络或者存储介质向档案馆移交。

高校的数字档案馆应当以学校档案工作为核心，积极构建完善的档案资源体系、利用机制与安全保障机制。档案资源体系应全面覆盖高等学校教学科研管理产生具有保存价值的历史记录，"对历史负责，为现实服务，替未来着想"，对学校在发展过程中产生的党群类、行政类、学生类、教学类、科研类、基本建设类、仪器设备类、产品生产类、出版物类、外事类、财会类电子档案和实体档案进行收集整理，科学整合。

档案利用体系应当充分使用现代信息技术，创新服务方式，借助电子档案和馆藏数字化档案开展网上利用服务，促进规划档案资源共享，"为党管档、为校为国守史、为师生为人民服务"，主动开发档案资源，加强档案编研。

档案安全体系的主要核心在于确保档案实体的完整性与档案信息的保密性，因为档案的原始记录性注定了其无法再生，一旦被破坏将无法挽回。在当前新技术革命迅猛发展、经济全球化加速发展的背景下，应该做好新形势下档案保护管理工作，确保国家和人民群众的利益不受损失。保障档案安全一直是档案工作的重要底线，更是档案部门不可或缺的基本职责与首要任务。在数字档案馆建设过程中，高校需要对各项安全管理制度进行修订和完善，以确保在档案工作的各个环节和岗位中得到细化、贯彻和覆盖。制定全面的档案安全管理制度，确保在档案工作的各个环节中，任务明确、责任明确、人员到位，以保障档案安全。

防患于未然，积极构建全面的档案安全防范体系，将安全检查工作规范化和制度化，实现人防、物防与技防的三防一体化，建立完善的档案安全应急管理制度，制定具有科学性与合理性的应急预案，同时将档案库房纳入重点保护的范围，从而使档案安全在受到威胁的时候，得到优先抢救和妥善处置，最大限度地减少损失。加强人防系统信息化建设，构建以数字档案馆为核心的现代公共文化服务体系。为确保重要电子档案的安全，采取异地异质备份保管措施，并严格按照国家规定，构建档案信息管理系统的安全保密防护体系，以促进档案信息系统的安全等级保护与分级保护，建立标准，采取措施，严格档案开放、利用、公布的审查、审核、审批手续，为确保电子文件和档案在传输的时候不会遗失或泄露，以保障其长期保存和利用，同时保证真实性、完整性等，必须采取一系列严密的措施，严格执行档案安全保密管理制度，保障档案信息安全。

（四）高校数字档案馆建设的原则

高校数字化档案馆的建设作为系统性工程非常漫长和错综复杂，事关学校档案工作的全局和长远发展，也是数字化校园建设和学校发展的重要组成部分，在建设过程中应当遵循以下原则。

1. 顶层设计、统筹规划

为确保高校数字档案馆建设工作的持续发展，需要不断注入资金、技术以及更多的优秀人才，以提供持续的支持和帮助，数字档案馆建设工作必须纳入学校发展的整体规划，纳入数字化校园建设整体规划，从而增强持续建设和发展的动力。档案馆在制定和执行标准规范时要考虑本校数字档案馆的标准规范与数字化校园保持一致，充分考虑本校数字化校园和档案管理的实际情况，为档案信息资源与学校信息资源的共建共享、互通互联打下基础，创造条件。

档案馆在制定数字档案馆建设规划时，要立足长远，既要把握国家数字档案馆发展的战略目标和政策方向，又要深入了解本校档案工作的现实基础和发展需求，数字档案馆建设不是单纯购买一些硬件设备或一套管理软件那么简单，建设规划方案应该遵循信息资源建设的规律，从顶层自上而下地设计，站在学校资源管理全局的高度，为实现数字档案馆这个目标而进行有计划地规划，设计好各个档案管理信息系统的建设标准规范、档案移交接收标准、质量检查标准、目录数据库标准、各类档案资源著录的元数据标准规范、档案鉴定标准、档案存储载体标准、档案利用控制标准、档案安全体系建设标准规范及相关的人才队伍建设、制度保障等，同时需要档案部门处理好档案馆与电子校务、档案馆与各归档部门、档案管理人员与归档部门管理人员、档案管理人员与师生校友等之间的复杂关系，从而实现数字档案馆建设，促进学校数字校园建设工作、规范档案管理工作，促进校内各部门之间信息资源的共建共享、消除信息孤岛。

2. 循序渐进、持续发展

数字档案馆建设是一个长期的工程，需要注重整个工程项目的循序渐进和持续发展。现在大部分高校数字档案馆建设工作滞后于学校的数字化校园建设水平，数字档案馆建设就要结合本校的实际情况，规划一个总体、完整、长远的实施方案，在具体实施时要全面了解本校信息化和数字化校园的建设情况，包括建设的现状、发展规划、建设的标准规范以及相关系统的开放共享程度，并在此基础上对学校数字档案馆建设工作进行规划、设计和实施。

在具体实施项目前，要摸清本校档案工作的基础条件和档案工作的发展水平和状况，包括档案收集、整理、存放和利用的具体工作状况、档案信息资源的具体数量和质量、已有的档案设备条件等，以便于做出贴合本校实际的具体发展规划和切实可行的建设方案。在项目具体建设实施时，需要把复杂庞大的数字档案馆建设项目分成若干相对独立并先后连续实施的子项目，确立优先次序，分期选择重点，合理安排，稳步实施，分阶段、有步骤地持续推进。

在高校数字档案馆的建设过程中，必须遵循数字档案馆系统的规范，确保建设工作的规范性和高效性，建设安全可靠、布局合理的局域网、校园网、互联网三网，档案网络平台采用隔离设计，配备了必要的网络安全设施，包括防火墙、漏洞扫描等，确保网络安全。把数字档案馆的"高速公路"建设好，然后再配备满足开展数字档案接收、管理、利用等业务应用系统工作需要的服务器和存储设备，按照本馆的实际情况再升级和定制开发与本馆业务最相符的数字档案管理系统，落实数字档案馆的"车"，依据本馆的馆藏实际情况分批次有序开展馆藏数字化加工工作，开展电子文件和电子档案的管理工作，装载丰富的"货"，在整个建设过程中始终需要考虑必要的人、财、物的支持，开展相应的安全保障体系以保证数字档案馆建设的效果和保障档案信息安全，相当于制定相应的"交通规则"。

3. 业务导向、利用优先

高校数字档案馆建设应围绕高校的教学、科研、管理等重要活动的开展，收集相关的历史记录，注重管理好以学校部门、学生、教师为主体形成的具有保存价值的档案。

建设时应充分了解学校的档案管理业务，从学校档案的收、管、用等各个环节考虑相关的资源建设工作，为收集档案资源而建立档案信息采集平台，为管理档案资源而建立档案管理信息系统，为档案安全而建设档案保护系统和备份系统，为满足档案利用、档案利用预约和档案远程借阅等平台。以记录学校发展的档案资源为中心，优先建设重要档案资源，重点收集相关的电子文件和电子档案。开展馆藏档案资源数字化也应以需求为导向，对馆藏珍贵档案、有重要保存价值和使用价值的档案、形成年代相对较早的档案、有特色的档案、利用率高和需求大的档案应优先进行数字化。

建设档案网络平台应有利于电子文件的归档管理、档案信息资源的共建共享和网络利用，目前高校大都采用"双套制"管理模式，进行数字档案馆建设时要充分考虑学校电子校务的具体情况，基于校园网搭建电子文件管理平台，构建电子文件和电子档案管理系统，对电子文件实行从电子文件的采集到电子档案的收集、保管、利用的全过程管理，相关的管理信息系统的功能实现、操作界面等应尽可能符合用户操作习惯，对电子档案、档案数字资源的存储格式的选取应符合长期保存需要，便于共享和利用。

4. 安全保障、科学管理

高校数字档案馆建设应充分考虑档案资源安全保密和数据敏感的特点，涉密档案相关的工作必须严格按照保密工作的要求执行，非涉密档案相关的工作也应满足信息安全等级保护的要求，评估数字档案系统的安全风险，采取相应的安全保障技术方法，配备必要的安全设施设备，同时严格遵守国家法律法规和标准规范，建立健全安全保密管理制度，明确档案工作中相应部门的安全职责，落实部门安全管理员、应用管理员、系统管理员、网络管理员等岗位的职责和人选，必要时还应明确安全保密管理员、安全审计员等岗位职责，确保档案信息的安全。

同时，要对档案实体进行相应的安全保护，运用现代科学技术建设智能档案库房，在库房中建立温湿度自动控制系统、自动防盗报警系统、自动防火报警及灭火消防系统、视频监控系统、门禁管理系统等，对于档案数据中心机房还应保证设备的恒温恒湿、屏蔽强电磁干扰、防雷接地、提供 UPS 不间断电源供电和提供完善的安全备份策略等，防止档案实体和档案数字资源的破坏和丢失。

二、高校数字档案馆生态系统建设探索

（一）数字档案馆生态系统建设定位

数字档案馆生态系统就是用生态学的概念、理论和方法研究数字档案馆的结构、功能和管理运作。其内涵主要强调两个方面：一是数字档案馆生态系统是一个不可分割的整体。数字档案馆生态系统以整体的观点，把数字档案馆作为一个有机的生命体，除了研究它的形态结构，还要了解各个组成要素的特点、相互之间的关系、各要素之间以及要素与环境之间的信息流动、价值流动、能量交换以及人的活动所形成的格局和过程；二是数字档案馆中的人与生存环境通过相互协调，达到功能上的统一。在数字档案馆的产生、发展和壮大过程中，既离不开人在其中的主导作用，也同样离不开环境因素的调和与促进作用，两者相互影响，相互促进，从而使数字档案馆生态系统能够正常运行，不断输出符合需求的信息产品和服务，实现数字档案馆的社会价值。

数字档案馆生态系统可持续发展研究是国家生态文明建设的重要体现，生态文明建设强调社会的可持续发展，数字档案馆生态系统强调数字档案馆内部生态系统的可持续发展。其次，数字档案馆生态系统可持续发展研究有利于推动"十四五"全国档案事业发展规划的实现，着力推动档案工作走向依法治理、走向开放、走向现代化。最后，数字档案馆生态系统可持续发展有利于数字档案馆内部档案信息人、档案信息资源、档案信息环境三要素之间循环流动，保障数字档案馆的良性发展。

（二）数字档案馆生态系统建设结构要素

数字档案馆生态系统是一个以人为主体而形成的人工生态系统，不完全符合自然生态系统的特点，所以不能按照自然生态系统来建构数字档案馆生态系统。数字档案馆生态系统中的各生态因子通过物质循环、信息流动和能量流动共同构成数字档案馆的生态系统。

数字档案馆生态系统的主体可以分为三类生态因子，即档案形成者、档案管理者、档案利用者。这三个生态因子控制着档案馆的一切活动，直接决定着数字档案馆的生存和发展。档案形成者是数字档案馆生态系统的基础，决定着数字档

案馆生态系统中档案信息资源的质量，直接影响着数字档案馆生态系统的建设。档案管理者是数字档案馆生态系统中最为重要的生态因子之一，是数字档案馆生态系统主体的核心。档案利用者是数字档案馆存在和发展的根本所在，是数字档案馆服务的对象。

数字档案馆生态系统的客体是指数字档案馆的生存环境。根据生存环境的空间分类，可将其划分为宏观环境、中观环境、微观环境。

宏观环境是指为数字档案馆建设和发展带来机会或造成威胁的主要力量，影响着数字档案馆群体内的所有组织，处于数字档案馆所面临环境的最外围，包括社会环境和自然环境两个生态因子。

中观环境是数字档案馆直接面临和发生关系的社会力量，连着宏观环境和微观环境，影响着数字档案馆群体内的个别组织，对数字档案馆的建设和发展影响巨大，包括档案行政管理机构、档案行业协会、传统档案馆和其他信息机构等生态因子。

微观环境是指数字档案馆的内部环境，它能保证数字档案馆的正常运行，实现着为社会提供档案信息服务目标的内部条件和内部氛围的总和，包括运行机制、信息资源、基础设施、组织文化等生态因子。

（三）制约数字档案馆生态系统可持续发展的原因

1. 档案信息人的观念意识

（1）档案信息生产者的责任意识有待提高

在数字档案信息生产环节，信息生产者可能会在利益诱导下，违反职业道德甚至触犯法律，在数字档案资源生产过程中刻意伪造信息，造成数字档案信息资源的不真实。其次，档案信息生产者在工作中缺乏认真性，在信息产生过程中无意识的小过失可能会导致数字档案资源的不真实。

（2）档案用户的档案意识薄弱

受历史、政治等因素的影响，档案部门在社会公众意识中具有神秘性，认为档案馆保存的档案与自身无关，缺乏利用档案的积极性，社会公众的档案意识匮乏。

2. 档案信息资源利用情况

（1）档案信息资源结构单一

目前，我国数字档案馆保存的数字档案资源种类较为单一，馆藏内容不丰富，主要以党和国家重要的档案资源为主，档案保存层级较高，与社会大众和民间生活息息相关的档案信息资源较少。

（2）档案信息资源共享程度不高

就目前数字档案馆建设发展阶段而言，大部分数字档案馆的档案信息资源只能实现档案馆内部共享，无法实现馆际之间档案信息共享；国内综合档案馆系统目前主要局限省级行政区域范围内开展资源共建共享实践。

3. 基于信息环境运行状况

（1）法治环境

数字档案馆建设相关法律法规不完善。法律法规、标准规范是数字档案馆建设与发展的保障，但目前与数字档案馆相关的标准规范待完善，数字档案馆工作流程以及相关技术规范仍需进一步明确。

（2）经济环境

数字档案馆建设资金匮乏。数字档案馆建设需要大量的人力、物力和财力，这需要强大的经济实力作为后盾。而档案馆作为不以营利为目的的公益性和社会性部门，数字档案馆建设仍以政府投入为主，资金与经费短缺也是限制数字档案馆可持续发展的重要因素。

（四）高校数字档案馆生态系统建设方案

1. 健全法律法规是制度保障

数字档案馆凸显了档案收集、管理与服务技能的网络化、流程化，它的建设是一项长期艰巨且庞大的工程，为免于其步入建设根基不稳、中途而废的局面，必须构建以下的法规条例做后盾，为之开辟宽阔的道路。

构筑数字档案馆建设的法律依据。数字档案馆的发展理念较易为高校接受，但真正要有序化、规范化、持续建设与发展，必须构筑相应的法规。如果没有相应的法规保障，高校数字档案馆的建设则完全取决于学校对档案工作的重视程度及相应的支持力度、档案人的开拓意识等因素，由此极易步入时建时停的状态。

将数字档案馆建设成效纳入高水平大学或"双一流"大学建设评价指标。构建高水平大学或"双一流"大学是当前国内高校的建设目标,一流的大学理应有一流的管理与服务机构,高校档案馆既有管理职能,又兼具服务职能,是学校的服务窗口之一,由此构建数字档案馆建设的必要性与重要性不言而喻。不仅需将数字档案馆建设真正纳入学校宏观规划,还必须将数字档案馆建设成效作为高水平大学或"双一流"大学评估指标之一,在法规及评价体系的双重保障前提下,高校的数字档案馆建设渠道才能畅通,档案人才才能更有信心与精力规划数字档案馆的建设蓝图。

2. 强化数字档案馆保障体系建设

数字档案馆的保障体系涵盖制度、人、财、物。数字档案馆建设规划、实施方案、流程、风险应对举措等规章制度是数字档案馆运转的指南针。经费是数字档案馆有效运转的前提,为此档案馆应多渠道申请专项经费,如高水平大学建设经费、"双一流"大学建设经费等。经费获批,数字档案馆的建设才能正常启动。

数字档案馆建设需要计算机技术、信息与网络安全、公共服务、档案方面的人才,各专业人才充分发挥所长,数字档案馆建设思路才能清晰、规范而不乱。最后需配备符合规范的基础设施。服务器、云平台及机房是数字档案馆的战斗堡垒,电子档案阅览室、利用者专用的计算机是提升服务形象、展现数字档案馆成果的设施,网络是数字档案馆建设的传送纽带,配套设施必须齐全规范,也只有人、财、物到位,数字档案馆建设才能启步且渐显成效。

3. 丰富数字档案资源内容

数字档案馆建设首先必须抓稳档案信息资源建设,尤其在大数据时代,亟须立足大档案的视角,多方面、多渠道采集有价值的信息资源。推进馆藏档案数字化,保障数字档案的质量及安全。基于馆藏纸质及声像档案,数字化无疑是将其转换成可读的数字档案的最便捷模式。此种模式虽简单,但数字档案质量、安全性不容忽视。

大数据时代,立足档案事业的持续发展,拓宽进馆电子文件信息资源,践行"能归尽归",除了传统纸质档案,还应征集音视频、微信、网页、微博等见证学校全景发展的数字档案，以大档案的理念收集档案信息资源，构建覆盖人民群众的档案信息资源体系。高校档案馆应放眼未来，在结合学校各职能部门工作实践及其业务管理系统生成的电子文件的基础上，梳理本校电子档案归档的范围，涵盖电子文件原文及其元数据。实现学校各业务部门管理系统数据的远程归档无疑是增量档案电子化的最佳渠道。遵循电子文件的生命周期，将各业务管理系统各节点形成的电子文件及其元数据均捕获归档，以保证归档电子文件的真实性、完整性及安全性。

为践行电子文件有效归档，亟需学校做好数字档案馆顶层设计，从制度上将档案馆与学校网络中心或信息中心一并纳入各职能部门研发信息系统时的审核部门、业务系统中期及竣工验收部门，电子文件远程归档才能真正有所突破，同时为单轨制归档夯实基础，高校数字档案馆才有发展前景。网站信息的捕获则是大数据时代高校档案信息资源征集另一便捷渠道。高校各职能部门及各院系均有网页，职能部门网页的机构设置、工作动态等，院系网页的院系概况、学生工作、学科建设、校友风采、科学研究等栏目均有归档价值，此类资源是今后各单位编制机构沿革、展现教研成果与学科发展、见证校友们多彩多姿的青春生活的最好素材。高校职能部门工作的动态决定了移交进馆的档案的动态，高校档案馆需顺应学校发展态势，转变传统被动等待归档单位每年按照归档范围移交档案的意识，档案馆工作人员需积极主动联系相关职能部门及院系，及时了解他们工作新情况、新动态，灵活调整归档范围，不留归档死角。

4. 构筑数字档案信息安全防御体系

（1）构建数字档案馆安全管理制度

"三分靠技术，七分靠管理"，这表明数字档案馆的安全不仅需应用信息安全技术，还应建立相应的保密管理、数据安全管理、软硬件系统管理、网络与日志安全管理等制度。建立职责清晰、责任明确的机房出入登记管理等数字档案馆保密制度。明确系统管理员、数据管理员和业务操作人员职责，至少配备 2 名以上的工作人员参与实行数据库系统管理、网络数据备份与系统安全及数据安全。建构系统安全、网络安全及硬件安全管理制度。

数据信息是数字档案馆的核心，首先应建立完善的数据备份制度。践行定期在线、离线的多类型多介质备份，并做好数据的异地备份，同时还需对备份的数据及存储的介质进行定期检测，查看是否备份完整、存贮介质是否可读取，以应对数据误删、硬盘故障无法识别及自然灾害等风险，以便恢复数据。其次，软件系统是数字档案馆的"战斗堡垒"，应定期进行操作系统的安全漏洞检测及防病毒软件的升级更新，采用正版的操作系统及软件，安装新软件前需进行病毒查杀。再次，更新服务器的安全补丁，升级杀毒软件，定期检修服务器、交换机、路由器、防火墙、UPS 不间断电源等网络设施。定期查看服务器及数字档案管理系统的安全日志，一旦发现有异常情况，立即处理，同时对安全日志做好备份工作。

（2）强化数字档案馆安全管理技术

数字档案馆安全管理技术主要表现为档案管理系统的安全及数据传输安全两方面的技术。前者主要通过网络隔离与数据隔离、防病毒软件及防火墙技术强化安全，后者主要通过数字加密与数字签名技术强化安全。

档案管理系统是数字档案馆运转的核心，其安全性不言而喻。要保证档案管理系统的安全，先实行 mac、IP 地址与用户账户捆绑登记，以免黑客登陆。

结合用户职能设置权限，同时加强网络隔离技术，实现档案馆局域内网与外网隔离，减少档案馆内网受到外网的黑客攻击，并采用双机双网技术、双硬盘隔离卡技术与单硬盘隔离卡等物理隔离，提升内网的可控性。再次在档案馆局域网与校局域网之间设置防火墙，实时监控档案馆内、外网之间的活动，确保档案馆局域网的安全。

种类繁多的计算机病毒直接威胁数字档案馆安全，为此，数字档案馆管理人员首先要强化病毒防范意识，在档案馆局域网与外网之间设置好防病毒网关，购买正版的国内杀毒软件，定期或实时查杀病毒及升级系统补丁，尽量少用或不用非专用的介质，以免病毒传染。其次，数字加密技术是当前较为有效解决网络传输数据风险的措施之一。通过给传送的数字档案加密，以防传送过程中受到黑客攻击，盗取数据，泄露信息，威胁数字档案乃至数字档案馆的安全。最后，数字签名技术也是保证电子文件真实性的有效方法之一。数字签名实质是对传送的数字档案进行函数处理后的结果，是签名方对数字档案内容完整性与真实性的一种承诺，旨在确保传输的数字档案信息免受破坏，从而有效地应对伪造、篡改、冒充及否认等风险，确保传送的数字档案的真实性。

三、高校智慧档案馆建设内涵

（一）区别数字档案馆与智慧档案馆

关于智慧档案馆与数字档案馆的关系，学术界有两种不同的观点。

一种认为数字档案馆是智慧档案馆发展的基础，智慧档案馆是数字档案馆的升级。智慧档案馆以数字档案馆为基础，加入馆舍智能化和感知等技术，升级为智慧档案馆，使之更加智慧化、智能化、人性化。另一种观点则认为智慧档案馆与数字档案馆是并行发展、略有交叉。智慧档案馆的核心是感知技术，数字档案馆的核心是数据处理技术。二者核心技术不尽相同，侧重点有所差别。

这两种观点均有其合理性，虽然二者核心技术、内容指向有所不同，但智慧档案馆是在数字档案馆原有基础上增加新技术发展而来的。数字档案馆和智慧档案馆可以看作是档案馆在信息化不同发展阶段的不同呈现形式，随着新技术的不断发展，数字档案馆逐渐呈现出其局限性，智慧档案馆在数字档案馆的功能、资源整合挖掘再生及技术等方面做了提升，但同时数字档案馆又为智慧档案馆提供了数据支持。数字档案馆是智慧档案馆的基础和前提，智慧档案馆是数字档案馆发展的必然结果。

也正是因为如此，智慧档案馆运用各种前沿技术，如物联网、云计算等，以智能化的方式有效管理多元化的档案资源，具备感知和处理档案信息的能力，同时最大限度地提供档案信息服务，形成了一种高效的档案馆模式。它不仅可以实现档案信息化管理，还能满足人们对多样化、个性化档案管理的需求，从而使档案馆更好地为社会发展、国家安全及公众利益服务。智慧档案馆的职责在于对多元化的档案资源进行有效地管理和利用，其中既有国家机构设置中产生的档案资源，也有社会组织设立形成的档案资源。档案资源的多样性涵盖了传统与新型档案的内容和载体信息，如原生电子档案、数字化档案成果等。

（二）高校智慧档案馆建设的可行性

1. 社会层面

随着云计算、大数据和物联网概念的广泛应用，这些新一代信息技术以超高速的运算能力和低廉的运营成本，深受网络信息界的好评，被视为科学技术领域继计算机和互联网之后的二次革命。随着众多跨国信息技术行业公司，如 IBM、Google 等将这些新兴技术用于自身产品，并着力向政府部门、事业单位甚至企业推广，各大高校也开始推崇智慧化的多样应用，通过对海量数据存储、分享、挖掘、搜索、分析、利用、集成和融合技术，实现高校内各部门间信息的共享和业务协作，将档案数据作为学校的无形财产进行统一有效管理，给师生乃至社会提供更多更人性化的公共服务。

2. 高校层面

20 世纪 80 年代，高校信息化开始逐渐萌芽，经过多年的数字化校园建设，高校信息化水平得到了显著提升，涉及科研、教学等主要业务领域的一系列信息化建设均已全部完成。随着新型信息技术如物联网、云计算等的飞速发展与灵活、广泛地应用，高校信息化已进入智慧校园时代的全新阶段。

智慧校园作为高等教育信息化的一种高端形态，从实际意义上来说是数字校园的拓展和提升，它综合运用云计算、物联网等新兴信息技术，对校园的物理环境进行全面感知，智能识别学生和教师的学习、工作情景以及个体特征，把学校物理空间与数字空间有机融合在一起，为教师创造智能开放的教育教学环境的同时，为学生提供便利和舒适的生活环境，改变他们和学校资源、环境的交互方式，从而真正实现以人为本的个性化创新服务。智慧校园以互联网技术、无线通信技术和多媒体技术为基础，通过信息采集处理、分析应用、决策支持、资源共享等功能，构建一个高效安全的数字化校园平台。相较于传统的数字化校园，智慧校园的显著特点在于互联网的高速普及，智能终端的应用十分广泛，团队协作的便利程度的充分性，资源共享便捷高效。

3. 档案业界层面

随着智慧城市、智慧校园等智慧生态的快速发展，档案馆正在向全面信息化管理的智慧模式转型，逐渐取代传统数字档案馆，成为档案馆界最前端、先进的理念。数字化处理和保存传统纸质档案馆，通过电脑和网络提供查询与利用，使档案信息从载体中解放出来，这就是数字档案馆的本质，也是从传统档案馆向现代数字档案馆转化的过程。智慧档案馆是一种新兴的档案馆形态，它利用云计算、大数据和物联网等前沿技术，实现了对档案信息及其载体的智能化管理，为档案利用者提供智能化服务，从而构建了一种全新的档案馆管理和运营模式。在这一过程中，人们开始关注档案资源建设问题、信息技术应用问题以及服务创新问题，这些都离不开"人"的作用。档案管理理论与实践本身的发展需求，以及社会变革的推动，共同促成了这种转变的发生。

（三）高校智慧档案馆建设的三大配置

1.硬件配置

在传统高校档案馆馆舍与库房的建造过程中，通常采用安防、门禁等监控系统对环境进行安全控制，一旦发生事故，则需要人工事后检查与分析。由于档案的保存场所是封闭的空间，外界环境噪声大，人员密集程度高，使得档案管理工作变得更加困难，因此建立一套高效可靠的环境监测与控制系统尤为重要。在档案库房中，通常采用传统的温湿度控制手段，如加湿器、空调等，以实现对库房环境的有效控制，由于这些措施无法做到全天候自动控制，容易造成能源浪费和环境污染，也不能保证档案安全保管。通过物联网感知技术，智慧档案馆得以对馆舍内外环境进行全面控制，对各种实时信息进行及时地收集和整理，并利用校园管理网络，汇总和分析馆舍外的行人交通流量以及库房内温湿度变化的数据，以此为基础建造出最具节能、环保以及智能的智慧档案馆。

2.软件配置

（1）云计算

在数字档案馆时代，高校档案馆致力于数字化馆藏资源和电子化新增归档文件，借助各种档案信息管理系统，实现对档案资源的安全管理与信息检索的目的，并向利用者提供电子化的档案信息。随着信息化时代的到来，传统纸质档案已逐渐被电子档案所替代，作为学校重要组成部分之一的高校档案馆也面临着巨大挑战。智慧校园的云服务中心是智慧档案馆管理电子化档案信息的核心，辅以档案馆的计算机网络设施，把重要的档案信息安全备份于云端，在确保信息的完整性和可靠性的同时，提供一系列异地档案查阅服务。

（2）大数据

高等院校的教学、科研和管理信息的信息仓库，具体而言就是高校档案馆蕴藏着无法预测的重要潜在价值。随着社会信息化程度的不断提高，人们越来越重视对信息资源的利用，档案作为一种重要信息来源，也被广泛地运用于各个领域中。在当今大数据时代，如何有效地从海量数据中提取有意义的知识和情报已成为一个重要课题。例如，通过深入分析学生出国成绩办理数据，可以全面评估学校各专业的出国率以及未来的发展趋势。

（3）物联网

目前，我国图书馆界也开始注重对物联网的研究和开发，以期通过物联网来提高图书馆的工作效率，促进图书馆信息化建设水平。物联网作为一种物理连接的互联网，最初主要应用于物流网络，但随着时间的推移，应用范围逐渐扩展至各个行业领域。作为物联网的重要组成部分，射频识别技术已被图书情报行业广泛认可，为其在档案信息服务领域的进一步发展奠定了坚实的基础。利用射频识别技术实现纸质档案库房的智能化管理，同时建立射频识别技术应用系统连接，以实现广域网范围内的档案管理。该方法可以帮助管理人员实时了解档案库中档案的位置和状态，从而有效地降低人力成本，提升管理效率。射频识别技术以射频信号为基础，实现目标对象的自动识别和相关数据的获取，无需人工干预即可在不同环境下工作，从而有效降低纸质档案的调阅率，大幅度提升档案管理效率。

（4）互联网+

互联网+并非简单地将传统行业与互联网相加，而是通过信息通信技术和互联网平台，实现互联网和传统行业的深度融合，为新的发展生态奠定重要基础。在当前社会背景下，随着我国教育事业的不断改革与创新，高校档案工作也应顺应时代发展趋势，加快数字化建设步伐，为广大师生在教学、管理等方面提供更优质的服务。高校的档案馆运用网络信息技术和互联网技术，实现了档案数据的传输，借助现今的技术把传统的纸质档案等形式，成功转化为电子档案，从而实现档案信息资源的互联网上传和下载，使每一个使用者都可以轻松、及时地享受档案资源，推动档案管理信息化的实践创新和发展，最终促进档案资源的充分开发和合理利用。

3. 人员配置

数字档案馆以各档案管理系统为基础和前提，要求档案管理业务人员具备高超的计算机技能和档案管理系统应用能力，以提升其业务水平。在当前形势下，建设智慧档案馆是顺应信息化发展潮流，提高档案信息资源开发利用率，实现"大数据"时代档案工作创新与转型发展的需要。智慧档案馆对领导、行政管理人员等提出更高的具体要求，除了着重加强 IT 服务部门人员的档案专业服务技能之外，也要不断提升档案管理人员的 IT 技术技能，以确保智慧档案馆的高效、优质和便捷运转。

四、高校智慧档案馆建设路径分析

(一) 树立顶层设计理念以融入智慧校园综合发展

智慧档案馆建设不仅能提高档案管理水平，还可以推动智慧教育体系的建立以及促进学生个性化学习能力的提升。智慧校园建设的顶层设计，应当将智慧档案馆的建设融入其中，特别是在制定相关规划的过程当个，必须同步考虑、发展、设计与规划，以确保最终的同步建设得以实现，同时还应该注重各专业人员对智慧档案馆理念以及技术等方面知识的掌握程度。为确保档案馆的独立性，避免陷入信息孤岛的尴尬境地，必须采取措施加以防范。

当前，众多高校均在推广顶层设计理念，原因是具备远见卓识、全局性、战略性和操作性强等优越性。高校应当充分利用现今有利的发展环境，通过顶层设计战略性指导智慧档案馆的建设与发展，同时提供实践发展性支持，以确保智慧档案馆在政策层面得到保障。智慧档案是高校数字资源系统与服务应用平台有机融合后产生的新事物，它为高校提供了一种全新的信息服务手段。在高校总体规划的框架下，智慧档案馆建设的顶层设计得到了广泛认可，因此应该积极融入其中，同时采用开放共享的建设模式，碎片化、协同演进的演进方式，把它巧妙置于智慧校园发展的各个关键环节。智慧档案馆应当积极介入智慧校园的各个方面，以更好地发挥其育人功能，推动信息服务和校园文化传播功能的进一步发挥。在具体实践过程中，要注重对智慧档案馆与智慧校园之间关系的研究，从宏观层面把握二者的内在关联，并以此为基础构建出具有特色且高效的档案信息化管理平台。当前，高校档案管理建设正朝着智慧档案馆的方向发展，一方面是智慧校园建设的信息资源保障和信息助力，另一方面也是高校顶层设计的构思与规划中不可或缺的一环。

（二）借助高科技技术手段以助力智慧档案馆健康发展

我国正在积极推进信息化强国建设，将高科技元素融入人们的日常生活当中。智慧档案馆的建设必须保持与时俱进的理念，全面考虑高科技技术手段的参与与应用。档案管理的智慧服务体现在对各种高端科技产品的灵活运用上，采用云科技、数据分析等信息化技术手段，并且对各种资源、环境等多种要素进行整合，为用户提供更为便捷的查阅与检索过程的体验，通过感知系统精准定位档案资料位置，提供一系列相关的智慧服务，如对所查阅卷宗的内容进行分析和选择等。

现如今，推崇的四大核心技术包括智能化楼宇技术、物联网技术、云计算以及大数据技术，这四项关键技术都具有非常强的应用性，在社会发展过程中发挥着重要作用。以威海市智慧档案馆为例，它以综合的智慧服务、全方位的档案资源智能化管理、及时的档案信息分析等，为使用者提供了更加高效和便捷的智慧服务。智慧档案馆的智慧服务功能得到了充分体现，这要归功于四大核心技术的有机融合，使智慧档案馆与智慧校园在数据对接方面实现了完美的无缝连接。

（三）使用智能管理模式以实现智慧化服务

智慧档案馆的建设需要借助高端核心技术，如大数据技术和互联网技术，并且将其巧妙融入智能化管理模式当中，构建系统化、科学化的管理运作机制，同时聘请专业管理团队进行精细化的管理与维护。通过运用数据处理平台的功能，实现对信息的检索，感知档案的确切位置，数据分析与挖掘不同档案信息的内容。为了满足不同用户的多样化需求，提升用户体验，管理者不仅需要在每一个环节实现持续的管理，还需要对数据进行云端微调。借助分析海量的各类文件资料，实现基于大数据系统下的智能搜索，自动查找到需要的档案材料。智慧档案馆在完成常规的卷宗检索及查阅后，除了可以将相关的档案目标资源触发出来，还可以对档案信息的价值进行深层次的挖掘，从而最大限度地开发与利用档案资源。

智慧档案馆建设的成功离不开人才的积极参与，因此组建拥有档案专业背景和档案管理专业技能的人才队伍也是必不可少的一环。

智慧档案馆需要高素质的人才作为支撑，原因在于档案专业人才需具备较高的综合素质和能力水平，才能更好地完成工作任务。因此，档案管理人员应当不断加强自身的学习，努力提升信息化业务的综合水平，对设备和软件能够进行熟练运用。档案管理人员在加强专业技能的同时，也要不断提升自身的业务水平，致力于向全方位、智能化的方向科学发展，不断地更新自身的知识体系，丰富自身的专业知识。

为促进智慧档案馆的建设，学校主管部门和上级教育主管部门应该积极构建档案专业交流互动平台，提供多元化的核心技术培训机会与平台，通过组织和开展多场高水平的技术大比武的方式，不断提升档案管理人员的水平，从而为智慧档案馆的全面建设和发展提供必要的技术与人力资源支持。

从档案管理人员的角度来说，其应当把握好学习机遇，持续优化和完善自身的知识结构，使自身的业务水平能够得到较大幅度的提升，从而为智慧档案馆的建设和发展提供更高质量的人力资源支持。

高校档案信息资源丰富且种类繁多，如何更好地开发利用这些宝贵的资源，成为当前各高校研究与实践的重点课题之一。作为国家重要的人才培养机构，高校肩负着为国家建设发展、提升综合国力和科技水平、输出优秀人才的重要使命，并且推进智慧校园建设是当前高校发展的重点，智慧档案馆的建设和发展则是智慧校园建设不可或缺的组成部分。高校主管部门应对自身的综合规划发展进行综合、全方位的考虑和调研，在建设智慧校园的过程当中把智慧档案馆巧妙融入其中，制定适合智慧档案馆进一步发展的制度政策，注入专项资金以支持现有设备的技术升级和档案系统软件的升级，同时还要重视信息化技术在智慧档案馆建设中的应用，加强对管理人员及技术人员的培训力度。为了建立一支科学的专业团队，必须确保他们具备创新的工作理念，对各种新型智能化技术设备进行熟练掌握和运用，以完成档案资源收集、检索等基础性的工作。

总的来说，随着人工智能、信息化技术和高科技技术的持续性演进，人类已经进入到一个全新的智能信息时代，而这将促进我国各行业领域的快速发展。因此，在这一背景下，高等教育应当跟随时代发展的步伐，走数字化、信息化以及智能化的发展道路。

智慧档案馆的建设发展需要档案管理人员积极参与校内外的培训学习，不断提升自身技能水平，致力于档案馆的发展。同时，档案部门要积极利用各种信息资源，为高校师生提供更多有价值的服务，让学校在信息化时代下更加快速地适应社会需要，提高学生的综合素质，更好地为教育教学工作做出贡献。高校智慧档案馆的建立，不仅有利于促进学校信息化水平的提高，还能够更好地为广大师生提供高效、便捷的优质服务，从而有效推动智慧校园的快速发展。智慧档案馆的兴建是一项漫长和错综复杂的进程，随着高校信息化建设水平的提高和信息技术的飞速发展，智慧档案馆的构建已经成为必然。智慧档案馆的发展方向与目标在于实现档案管理的智能化，这是一个涉及多个方面的复杂系统工程。在智慧校园的建设和发展过程中，高校必须以现有资源与配套设施为基础，按照档案管理部门的实际情况，科学、有序推进智慧档案馆的建设，通过不同的方式提升档案工作在智能化服务方面的水平，从而达到为智慧校园发展提供感知型综合智慧服务的最终目标。

参考文献

[1] 马爱芝，李容，施林林.信息时代档案管理工作理论及发展探究 [M].长春：吉林大学出版社，2022.

[2] 张杰.信息时代下档案管理工作创新研究 [M].长春：吉林大学出版社，2020.

[3] 王瑞霞.现代档案数字化管理研究 [M].长春：吉林人民出版社，2022.

[4] 赵学敏.高校数字档案馆建设理论与实践 [M].昆明：云南大学出版社，2020.

[5] 李扬.高校档案管理与信息安全研究 [M].北京：北京工业大学出版社，2020.

[6] 赵雅琴.高校档案建设与管理研究 [M].长春：吉林出版集团股份有限公司，2020.

[7] 赵红霞.高校档案管理与服务研究 [M].北京：原子能出版社，2019.

[8] 刘璞.高校档案管理与信息安全 [M].长春：吉林出版集团股份有限公司，2019.

[9] 郭美芳，王泽蓓，孙川.档案信息化建设与管理 [M].长春：吉林人民出版社，2021.

[10] 赵旭.档案信息化建设的理论与实践研究 [M].北京：科学技术文献出版社，2021.

[11] 孟凡强.档案信息化建设与档案管理的研究 [J].兰台内外，2023（01）：13-15.

[12] 刘洋.档案信息化服务的特点、架构与实践 [J].兰台内外，2022（36）：40-42.

[13] 林伟娟.档案信息化建设与档案管理的几点思考 [J].文化产业，2022（33）：16-18.

[14] 王立杰.新时期档案信息化建设的策略研究 [J].文化产业，2022（32）：22-24.

[15] 郭未艾.档案信息化管理安全问题研究 [J].黑龙江档案，2022（05）：273-275.

[16] 陈莉.档案信息化管理现状与对策思考 [J].兰台内外，2022（31）：58-60.

[17] 朱敏.信息时代高校档案管理工作面临的问题及对策 [J].文化产业，2023（11）：13-15.

[18] 田梦.数字化视域下高校档案管理改革与对策分析 [J].文化产业，2023（05）：19-21.

[19] 夏宇飞，张园园，杜鹏，李亚楠.信息化技术对高校档案管理的影响分析 [J].兰台内外，2023（02）：16-18.

[20] 薛靖秋.新时代高校档案工作发展路径探析 [J].文化产业，2022（34）：25-27.

[21] 张聪慧.档案数字化管理研究 [D].济南：中共山东省委党校，2022.

[22] 杨俊杰.数字化转型背景下的档案信息安全问题研究 [D].郑州：郑州航空工业管理学院，2022.

[23] 王玉蓉.电子档案管理业务流程重组研究 [D].湘潭：湘潭大学，2021.

[24] 许臻.高校电子档案管理影响因素研究 [D].南京：南京大学，2021.

[25] 郭燕.基于用户需求的高校档案馆服务研究 [D].保定：河北大学，2021.

[26] 李紫楠.高校档案利用规律研究 [D].哈尔滨：黑龙江大学，2021.

[27] 孟娜.湖南省"双一流"高校档案信息化管理研究 [D].湘潭：湘潭大学，2020.

[28] 张博.基于质量管理的高校档案管理流程研究 [D].济南：山东大学，2020.

[29] 薛茗月.高校档案数字化管理问题研究 [D].乌鲁木齐：新疆农业大学，2019.

[30] 高寒.高校学籍档案信息管理系统研究与实现 [D].南昌：南昌航空大学，2018.